Cuestionarios Digitales con Google

Alejandro Chávez Castillo

Copyright © 2020 Alejandro Chávez Castillo

Todos los derechos reservados.

ISBN: 9798642992944

DEDICATORIA

Este libro lo dedico a Rodrigo Garcia, amigo de muchísimos años y ahora también escritor de libros en Amazon, que tenga mucho éxito y siga inspirando a los demás que vienen detrás de nosotros.

CONTENIDO

Índice

AGRADECIMIENTOS i
1 Beneficios de las encuestas digitales 1
   1.1 El proceso de creación de encuestas digitales. 2
   1.2 Definir el objetivo 3
      1.2.1 Preferencia 3
      1.2.2 Satisfacción 3
      1.2.3 Detectar necesidades de capacitación 4
      1.2.4 Evaluar proveedores 4
   1.3 Definir los indicadores 5
      1.3.1 Cantidad de personas encuestadas 5
      1.3.2 Representatividad 5
      1.3.3 Otros 6
   1.4 Diseñar el cuestionario 6
      1.4.1 Las secciones de una encuesta 6
   1.5 Publicar el cuestioanrio 8
   1.6 Recolectar las respuestas 9
   1.7 Analizar la información 9
   1.8 Visualizar la información 9
   1.9 Evaluar el resultado 10
2 Conceptos importantes 11
   2.1 Tipos de preguntas 12
      2.1.1 Preguntas abiertas 12

- 2.1.2 Preguntas cerradas 13
- 2.2 La secuencia de las preguntas 15
- 3 Cuestionarios de uso común 17
  - 3.1 Organizar el menú de una comida 18
  - 3.2 Evaluación de capacitación 19
  - 3.3 Encuesta de satisfacción en proyecto de software 20
- 4 Formularios Google 21
  - 4.1 Gmail 22
  - 4.2 Google Drive 24
  - 4.3 Google Forms 26
    - 4.3.1 Menú para comida 31
    - 4.3.2 Vista Previa 38
    - 4.3.3 Personalizar el tema 41
    - 4.3.4 Probar el cuestionario 47
    - 4.3.5 Evaluar el resultado gráfico 49
    - 4.3.6 Publicar el cuestionario 51
- 5 Los tipos de preguntas en Google 61
  - 5.1 Preguntas abiertas de texto corto 62
  - 5.2 Preguntas abiertas de texto largo 64
  - 5.3 Preguntas SI/NO 66
  - 5.4 Preguntas de opción multiple con una opción permitida 68
  - 5.5 Preguntas de opción multiple con varias opciones permitidas.... 70
  - 5.6 Preguntas de lista desplegable 72
  - 5.7 Preguntas de fechas 74
  - 5.8 Preguntas de Hora 76
  - 5.9 Preguntas de Escala Lineal 77

5.10 Preguntas de cuadrícula de varias opciones 79

5.11 Preguntas de cuadrícula de casillas 81

5.12 Preguntas para subir archivos 84

6 Agregar más elementos al cuestionario 86

6.1 Agregar una pregunta 87

6.2 Eliminar una pregunta 87

6.3 Duplicar una pregunta 88

6.4 Pregunta obligatoria 88

6.5 Importar preguntas 89

6.6 Añadir una sección 90

6.7 Añadir título y descripción 90

6.8 Añadir una imagen 90

6.9 Agregar un video 91

7 Análisis y presentación de la información 93

7.1 Preguntas de texto 94

7.2 Pregunta de texto largo 96

7.3 Pregunta de Si, No o Tal vez 98

7.4 Pregunta de varias opciones con una respuesta permitida 100

7.5 Pregunta de casillas 102

7.6 Pregunta de menú desplegable 104

7.7 Pregunta de fecha 106

7.8 Pregunta de hora 108

7.9 Pregunta de escala lineal 110

7.10 Pregunta de cuadrícula de opciones 112

7.11 Pregunta de cuadrícula de casillas 114

7.12 Pregunta de subir archivo 116

7.2 La importancia de la selección 118

8 Conclusión 119

    8.1 Cuestionarios digitales 120

    8.2 Los formularios de Google 120

    8.3 La importancia de practicar 120

    8.4 Cuando necesitas más 121

    8.5 Agradecimiento 121

9 Otros libros del autor 122

    Mercados en Amazon 123

    Libros en Amazon 124

Acera del autor 130

AGRADECIMIENTOS

Agradezco a mis alumnos Claudia Marquez, Katia Estrada, Alma Rosa, Juan Carlos Renteria, Jorge E. Martínez y Juan Manuel Viveros por su entusiasmo, comentarios, sugerencias y su compañía en línea a lo largo de las semanas que hicieron posible este libro durante la época de pandemia del coronavirus en Jalisco, México.

1 Beneficios de las encuestas digitales

Imagen: Megan Rexazin en Pixabay

Veamos algunos beneficios de las encuestas digitales.

Cuando necesitas información sobre tus clientes, proveedores o colaboradores y no la tienes, la solución más rápida es, aplicar una encuesta masiva para obtener la información adecuada en pocos días o pocas horas para recopilarla, analizarla, presentarla y tomar una decisión basada en hechos o por lo menos en las percepciones de las personas.

1.1 El proceso de creación de encuestas digitales.

El proceso de creación y aplicación de una encuesta se muestra a continuación.

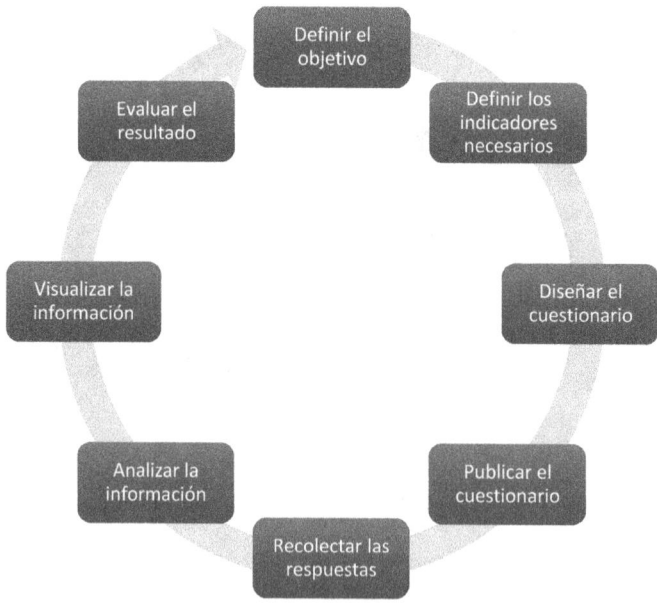

Figura 1.1 Proceso de aplicación de una encuesta

Antes de hacer la encuesta es necesario que entendamos cada uno de los pasos anteriores, veamos cada uno a continuación.

1.2 Definir el objetivo

Todo empieza por definir el objetivo de la encuesta, en otras palabras, debemos hacernos la pregunta ¿Qué quiero saber o medir con la encuesta? Por ejemplo, un objetivo puede ser conocer la preferencia de tu producto, conocer el grado de satisfacción de tus clientes con tus servicios o detectar las necesidades de capacitación de tu personal.

1.2.1 Preferencia

Si quisiera saber la preferencia de mis clientes o prospectos con respecto a mi producto y el producto de mi cmpetidor, entonces mi objetivo sería:

- Saber cuantos de los encuestados conocen mi producto
- Saber cuantos de los encuestados usan mi producto
- Saber cuantos de los encuestados prefieren otro producto y por que.

Esto me ayudaría a conocer mi posición en el mercado y el de mis competidores, además, de mejorar las caractaeristicas de mi producto.

1.2.2 Satisfacción

Por medio de una encuesta pordriamos conocer el nivel de satisfacción de los clientes con respecto a nuestros servicios. Los objetivos por obtener serían los siguientes:

- Saber cuantos clientes están satisfechos con nuestro servicio
- Saber porque están satisfechos con nuestro servicio
- Saber porque no están satisfechos con uestro servicio

Al conocer estos objetivos sabremos si necesitamos mejorar el servicio o dejarlo tal como esta, agregarle atributos o quitar algunos existentes.

1.2.3 Detectar necesidades de capacitación

Para conocer las deficiencias en capacitación de nuestro personal, podemos aplicar una encuesta para saber:

- Si están bien capacitados o no
- En que necesitan capacitarce
- Cuantas personas necesitan capacitación

Con esta información puedes hacer un plan de capacitación para que tu personal realice mejor su trabajo, tener menos desperdicios o retrabajos y aumentes la productividad y calidad.

1.2.4 Evaluar proveedores

Con una encuesta puedes obtener información de tus proveedores para determinar cuales cumplen con tus requisitos en cuanto a:

- Tiempo de entrega
- Precio del producto o servicio
- Garantia
- Soporte

Estos parámetros te ayudaran a decidir cual proveedor elegir para tu siguiente proyecto o trabajo.

Además de los ejemplos anteriores puedes agregar muchos objetivos más pensando un poco en la información que necesitas para mejorar tu negocio y que no cuentas con ella en este momento.

1.3 Definir los indicadores

Una vez que tienes claro tu objetivo, debes establecer los indicadores que necesitas para medir el resultado que obtengas mediante la encuesta. Algunos de los indicadores típicos son los siguientes:

- La cantidad de personas a ser encuestadas
- Representación de los encuestados con respecto a tu público meta
- Otros

1.3.1 Cantidad de personas encuestadas

Si vas a aplicar un muestreo, es decir encuestar sólo a una parte de la población, mediante una muestra, asegúrate que por lo menos encuestes al 10% del total (población) para que el esfuerzo sea válido y útil. En caso de que no sea un muestreo, entonces asegúrate de obtener por lo menos la participación del 60% de las personas para que el resultado sea significativo y útil.

1.3.2 Representatividad

Supongamos que tienes 100 clientes, pero que sólo 10 de esos clientes te compran el 70% de tus servicios. Si aplicas una encuesta y obtienes 80 respuestas (participantes), pero ninguno de los 80 son tus 10 mejores clientes, entonces la información que obtengas no es útil para tomar decisiones. Para que sea una encuesta útil deberías obtener las respustas de por lo menos la mitad d etus mejores clientes, es decir, 5 en el ejemplo anterior.

1.3.3 Otros

Si fueras un fabricante de autos y estuvieras definiendo sólo 3 colores para pintar tus autos, deberías consultar las estadísticas de los autos vendidos en el año pasado para tomar esta decisión, de lo ocntrario podrías aplicar una encuesta a los 100 útimos clientes que te compraron un auto para conocer su color de auto preferido.

1.4 Diseñar el cuestionario

Al diseñar el cuestionario con el que aplicaras tu encuesta, debes ser muy cuidadoso, ya que, si no haces las preguntas correctas, no obtendras la información que necesitas para tomar decisiones valiosas para tu negocio o proyecto.

1.4.1 Las secciones de una encuesta

Puedes pensar en tu cuestionario, dividido en tres secciones com se muestra a continuación.

Título

Datos del encuestado

Preguntas

Comentarios y sugerencias

Figura 1.2 Secciones de un cuestionario

1.4.1.1 Sección de Título

En esta parte se colcoca el nombre del cuestionario, por ejemplo:

"*Encuesta de Satisfacción*",

seguida por alguna leyenda como:

"*La información suministrada es confidencial y no será distribuida a ninguna persona, se usará con fines de mejora de nuestros servicios. Gracias por tu participación*".

En ocasiones se acompaña del logotipo o marca de la empresa que esta realizando la encuesta.

1.4.1.2 Sección de Datos del encuestado

Esta sección se utiliza para identificar a la persona que esta siendo encuestada, los datos a solicitar pueden ser los siguientes:

- Nombre de la persona
- Puesto de la persona
- Departamento o área donde labora

- Correo electrónico
- Teléfono

En los casos de encuestas anónimas se omiten la mayoría de los datos anteriores.

1.4.1.3 Sección de Preguntas

En esta sección se colocan las preguntas numeradas en orden progresivo. Se recomienda un número pequeño de preguntas de entre 3 y 10 preguntas para hacer el cuestionario fácil de constestar y lograr asi la participación de las personas encuestadas.

Es posible aplicar un cuestionario de más de 10 preguntas cuando el objetivo es realizar una auditoria o la certificación en algún estándar, de otra forma es mejor hacer sólo las preguntas suficientes.

1.4.1.4 Sección de comentarios y sugerencias

Al final del cuesntionari se recomeinda dejar una sección para que el encuestado pueda realizar algún comentario, sugerencia o pregunta hacia los encuestadores.

1.5 Publicar el cuestioanrio

Cuando el cuestionario se ha definido, se debe publicar en internet, ya sea en una página web, página de red social, enviada como un enlace URL por medio de correo electrónico o medinate grupos de WhatsApp para ser distribuida y obtener asi las respuestas de forma rápida.

Al publicar el cuestionario, se debe especificar la fecha de inicio y la fecha de finalización para recibir las respuestas.

1.6 Recolectar las respuestas

Los encuestadores deberán revisar el porcentaje de avance de la encuesta todos los días y tomar las medidas necesarias para lograr la participación del mayor número de encuestados para garantizar que se recolecten respuestas suficientes en cantidad y útiles en contenido.

1.7 Analizar la información

En cuanto se reciban las primeras respuestas y durante todo el periodo que dure abierta la encuesta, los encuestadores deberán revisar que la información se reciba completa y se emepezaran a realizar las estadísticas pertinentes para mostrar posteriormente las tendencias y resultados.

En este paso se determinarán los datos de frecuencia, mínimos, promedio y máximos de cada pregunta según sea prudente y relevante.

1.8 Visualizar la información

Despues de analizar la información se deberán generar las gráficas adecuadas para mostrar la información de modo que los resultados sean interpretados de forma sencilla, clara y suficiente a los tomadores de decisiones en una reunión posterior.

Existen aplicaciones como Google Forms (Formularios de Google) que generan gráficas de forma automática de cada pregunta, aún asi la interpretación de esas graficas debe realizarse para facilitar su interpretación.

Si se desea lograr un resultado más profesional y eficaz se puede complementar la información de las encuestas de Google con una aplicación de inteligebcia de negocios como Google Data Studio.

1.9 Evaluar el resultado

Cuando la visualización de la información ya esta lista, se presenta al tomador de decisión para que conozca el resultado de la encuesta, su análisis y su visualización. En ese momento se evaluará si la información obtenida era la necesaria y lo que el tomador de decisión esperaba.

2 Conceptos importantes

Imagen: Megan Rexazin en Pixabay

En este capitulo veremos algunos conceptos importantes a la hora de diseñar el cuestionario para una encuesta.

2.1 Tipos de preguntas

Existen 2 tipos de preguntas, las preguntas abiertas y las preguntas cerradas, a continuación, veremos sus características y cuando aplicar cada una.

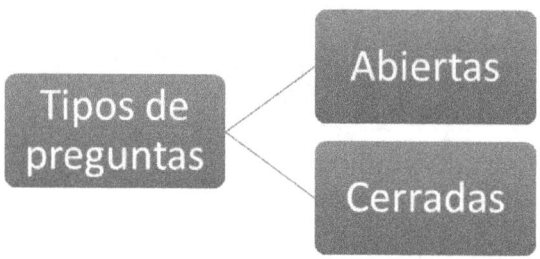

Figura 2.1 Tipos de preguntas

2.1.1 Preguntas abiertas

Las preguntas abiertas se usan para descubrir todas las posibles respuestas y los comentarios que un encuestado nos pueda proporcionar sobre algún tema. Los siguientes son ejemplos de preuntas abiertas:

- ¿Qué opinas sobre el home office (trabao en casa)?
- ¿Cuántos tipos de vehículos de carga crees que existen?
- ¿Qué animales prefieres como mascotas?
- ¿Cuáles son tus colores favoritos?
- ¿Qué estructura crees que debería llevar un libro?

Cómo puedes ver, las respuestas a estas preguntas podrían tener respuestas muy diferentes si se aplican a diferentes personas. Por esta razón se usan preguntas abiertas para saber lo que la gente piensa, siente, prefiere o cree, respecto algún tema.

2.1.2 Preguntas cerradas

Las preguntas cerradas siempre ofrecen un rango de resuestas a escoger para el encuestado. Las siguientes son ejemplos de preguntas cerradas.

- ¿Crees en un dios? (Si, No, No lo sé)
- ¿Cuál es tu género? (Hombre, Mujer)
- ¿Cuál es tu rango de ingresos? (menor a 10K, entre 10K y 20 K, mayor a 20K)
- ¿Cuál es tu nivel de satisfacción con tu empresa de internet? (1=Insatisfecho, 2=Poco satisfecho, 3= Muy satisfecho)

Como puedes ver en las preguntas cerradas siempre se ofrece un rango de opciones donde el encuestado debe seleccionar alguna de ellas. Las preguntas cerradas son las mejores cuando necesitamos medir los resultados de las encuestas.

De forma general podríamos decir que las preguntas abiertas permiten una respuesta libre, mientras que las preguntas cerradas ofrecen una respuesta predeterminadsa.

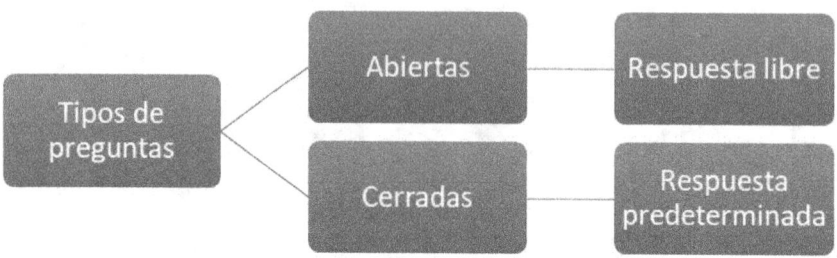

Figura 2.2 Tipos de preguntas y sus respuestas

2.2 La secuencia de las preguntas

La secuencia de las preguntas es muy importante, considera el siguiente cuestionario.

1. ¿Te gustan las mascotas? (Si / No)
2. ¿Tienes un perro? (Si / No)
3. ¿De que tamaño es tu perro? (Chico, Mediano, Grande)
4. ¿Cuánto gastas en comida al mes para tu perro? (menos de $500, más de $500)

En orden de las preguntas es secuencial y progresivo, esto hace mucho sentido para el encuestado y ayuda a llenar rápido el cuestionario, por ejemplo, si la persona encuestada tiene un perro contestará d el apregunta 1 a la 4 sin problema, si por el contrario la persona no tiene un perro a partir de la pregunta 2 ya no es necesario que conteste las preguntas 3 y 4.

Ahora mira que pasa si alteramos el orden de algunas preguntas en el cuestionario.

1. ¿Cuánto gastas en comida al mes para tu perro? (menos de $500, más de $500)
2. ¿De que tamaño es tu perro? (Chico, Mediano, Grande)
3. ¿Tienes un perro? (Si / No)
4. ¿Te gustan las mascotas? (Si / No)

Ahora no tienen mucho sentido el orden d elas preuntas y esto puede confundir o molestar al encuestado, obligándolo a proporcionar información confusa, difícil de clasificar, interpretar y medir.

3 Cuestionarios de uso común

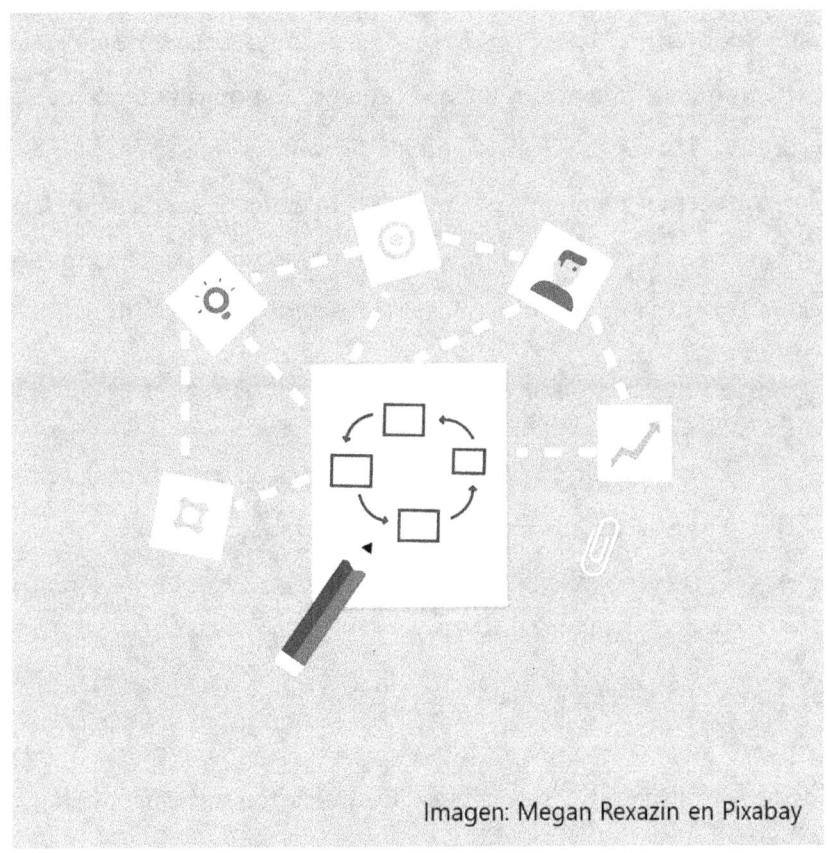

Imagen: Megan Rexazin en Pixabay

Veamos algunos cuestionarios útiles para todo tipo de negocios.

Sin importar a que se dedique tu negocio, existen cuestionarios que le sirven a la mayoría de las empresas, veamos algunos en este capítulo para convertirlos en formato digtal en el siguiente capitulo.

3.1 Organizar el menú de una comida

Es muy común en México que se realicen eventos sociales relacionados al trabajo para facilitar el trabajo en equipo. Supongamos que eres el encargado de proporcionar la comida para un evento a fin de mes y debes ofrecer un menú que le agrade a la mayoria de los asistentes.

Por medio del siguiente cuestioanrio obtendrás la información necesaria para saber que tipo de comida elegir para el evento.

1. Nombre del participante (pregunta abierta)
2. Cuenta de correo o número de WhatsApp (pregunta abierta)
3. ¿Vas a asistir a la reunión de la empresa? (Si / No)
4. ¿Qué platillo prefieres para comer? (Tacos/Hamburguesas/Pizza)
5. ¿Qué prefieres tomar? (Agua fresca/Soda/Cerveza)

Con este cuestionario tenemos la identificación del encuestado, el medio para contactarlo, sabremos si asistirá o no a la reunión (para descartar su respuesta en caso de que no asista) y su preferencia para comer y tomar. Cn esta información ya puedes decidir que comprar para la reunión.

3.2 Evaluación de capacitación

Ahora supongamos que necesitas diseñar el cuestioanrio para evaluar la calidad de un curso de Microsoft Excel comprado por tu empresa a un proveedor externo, en este caso el siguiente cuestionario debería funcionar.

1. Nombre del participante (pregunta abierta)
2. Cuenta de correo (pregunta abierta)
3. Departamento (Contabilidad, Tesoreria, Ventas)
4. ¿Qué te parecio el contenido del curso? (1= Pesimo, 2= malo, 3=Regular, 4= Bueno, 5= Excelente)
5. ¿Qué te pareció la duración del curso? (1=Falto tiempo, 2= Adecuado, 3=Demasiado tiempo)
6. ¿Lo que aprendiste te sirve en tu trabajo diario? (Si/No/Un poco)
7. ¿Cómo fue el nivel de conocimientos del instructor? (1=Mal, 2=Regular, 3=Bueno)
8. ¿Cómo fue el trato del instructor a los participantes? (1=Mal, 2=Regular, 3=Bueno)
9. ¿Volverias a tomar un curso con el instructor? (Si/No)
10. ¿Tienes algún comentario o sugerencia para mejorar la calidad del siguiente curso? (Pregunta abierta)

Con el cuestionario anterior es sufieinte para evaluar un curso, aunque en algunas empresas podría ser mas pequeño o más grande el cuestioanrio dependiendo de sus necesidades.

3.3 Encuesta de satisfacción en proyecto de software

Para evaluar un proyecto de software al final de su implementación, tenemos el siguiente cuestionario.

1. Nombre del encuestado (pregunta abierta)
2. Departamento (Finanzas, Administración, Jurídico)
3. ¿El proyecto se entregó de acuerdo con el tiempo planeado? (1= Se entrego antes, 2= De acuerdo con el plan, 3= Se tardó más tiempo)
4. ¿El proyecto tuvo un precio de acuerdo con el presupuesto? (1=Fue más barato, 2=De acuerdo con el presupuesto, 3= Más caro)
5. ¿La funcionalidad entregada fue la requerida pro el negocio? (1=Fue menor, 2=Fue la requerida, 3=Fue mayor)

Con el cuestionario anterior podemos evaluar en cuanto a tiempo, dinero y funcionalidad si el proyecto cumplió con las expectativas.

Ahora veams en el siguiente capítulo coo hacer estos cuestioanrios en formato digital con Google Forms.

4 Formularios Google

Imagen: Megan Rexazin en Pixabay

Veamos como diseñar y publicar un cuestioanrio digital com formularios Google.

4.1 Gmail

Para usar los formularios de Google necesitas primero conseguir una cuenta de correo de Google en el servicio de Gmail.

Para crear tu cuenta en Gmail debes abrir tu navegador web e ir al URL www.gmail.com o a www.mail.google.com .

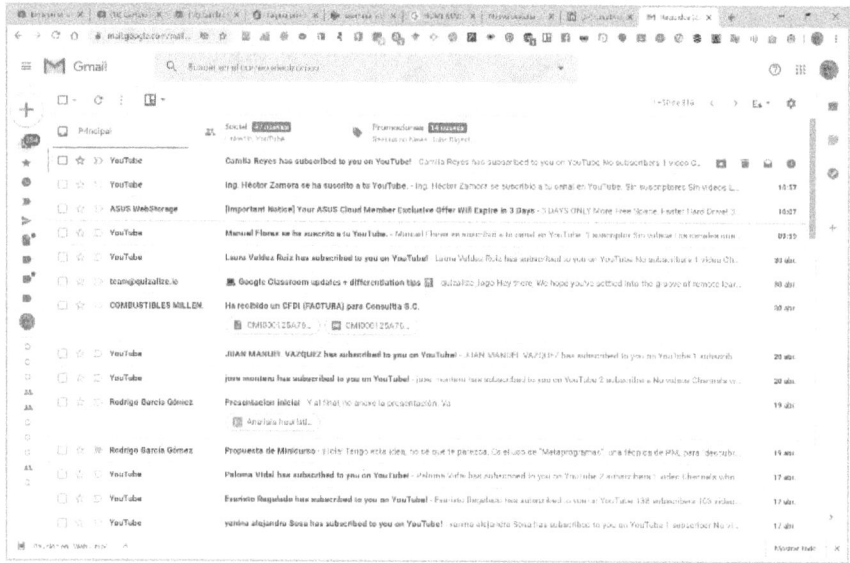

Figura 4.1 Página de GMail

Si no tienes una cuenta de correo de Gmail, al entrar te solicitará crear tu cuenta de correo y asignar una contraseña de forma similar a como lo hace el servicio de Microsoft (www.outlook.com) o Yahoo (www.yahoo.com). De lo contrario si ya posees una cuenta se abrirá tu cuenta de correo como se muestra en la figura anterior.

Al entrar a tu correo de Gmail en la esquina superior derecha puedes ver el botón de aplicaciones que contiene 9 puntos adentro y que se muestra en la siguiente imagen.

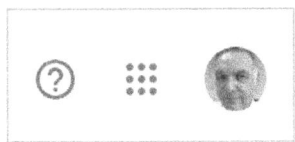

Figura 4.2 Botón de aplicaciones

Para ver el video relacionado da un clic en la siguiente imagen o usa el URL https://youtu.be/mjQ9fHD2vYg .

4.2 Google Drive

El lugar donde se grabarán tus formularios (cuestionarios) en Google, se llama Google Drive. Es tu disco duro en la nube (internet) como *Onedrive* o *Dropbox*, y al momento de escribir este libro, te ofrece 115 GB de espacio para tus documentos, formularios y otros tipos de archivos.

Es recomendable entrar primero a Google Drive para seleccionar la carpeta donde crearás tus cuestionarios. Puedes dejar tus formularios en la carpeta raíz (principal) o crear una carpeta nueva llamada *formularios* o *cuestionarios* para organizarlos todos ahí y no tengas que buscarlos en diferentes carpetas después.

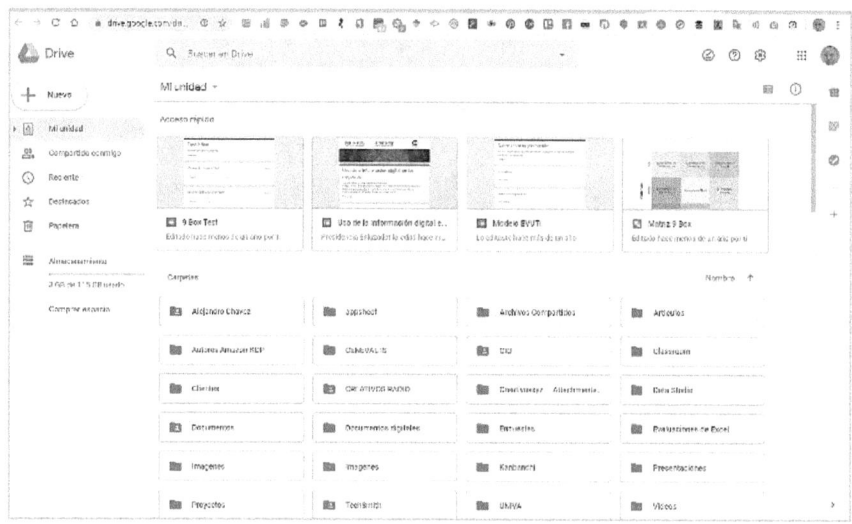

Figura 4.3 Google Drive

Para ver el video relacionado da un clic en la siguiente imagen o usa el URL https://youtu.be/kiP705OIkYc .

Cuestionarios digitales con Google

4.3 Google Forms

Para crear tu primer formulario, entra a Gmail, después ve a Google Drive y crea una carpeta llamada *"Cuestionarios"* para colocar ahí todos los cuestionarios digitales que vas a crear en el futuro.

Para crear la carpeta en Google Drive da un clic en el botón *Nuevo* y después selecciona la opción *Carpeta.*

Figura 4.4 Botón Nuevo

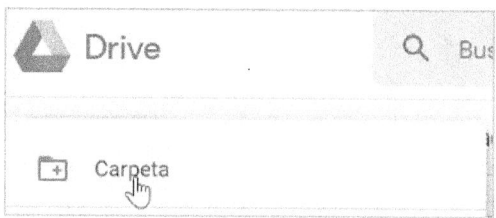

Figura 4.5 Crear carpeta

A continuación, se presenta una ventana para que puedas introducir el nombre de *"Cuestionarios"* para tu nueva carpeta.

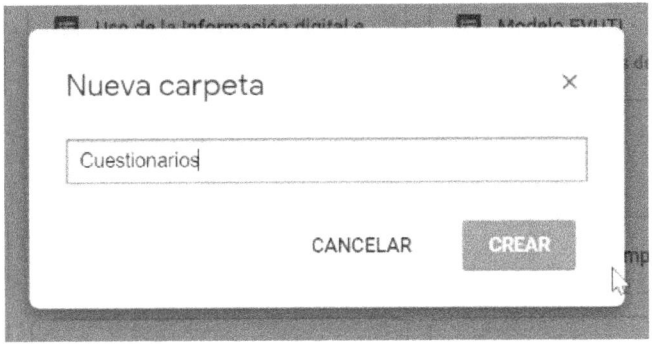

Figura 4.6 Nombre de la nueva carpeta

Para crear la carpeta da un clic en el botón azul de "Crear", después de unos segundos verás la carpeta de Cuestionarios creada en tu Google Drive.

Figura 4.7 Carpeta Cuestionario

Para entrar a la carpeta da doble clic sobre la carpeta *Cuestionarios*.

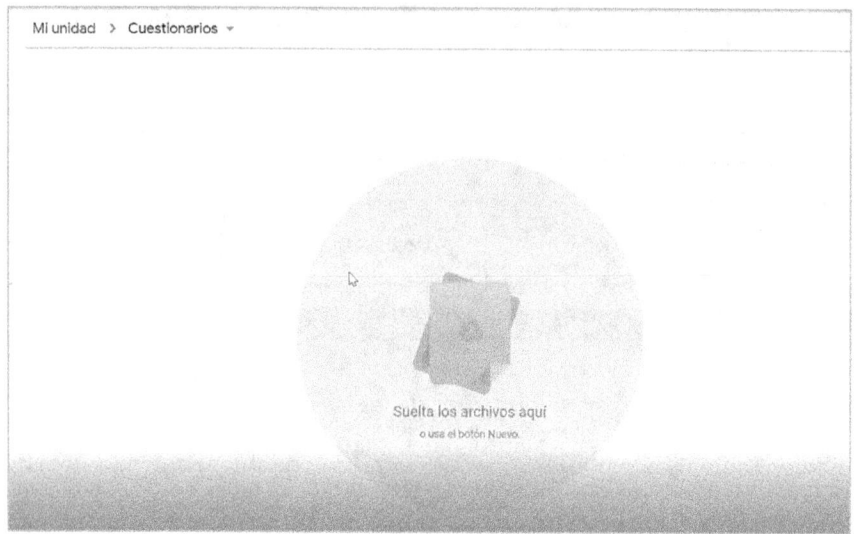

Figura 4.7 Carpeta Cuestionario vacía

Ahora volvemos al botón de *Nuevo* y nos desplazamos hasta la opción de *Más*, ahí se abre un submenú y seleccionamos la opción de *Formularios*.

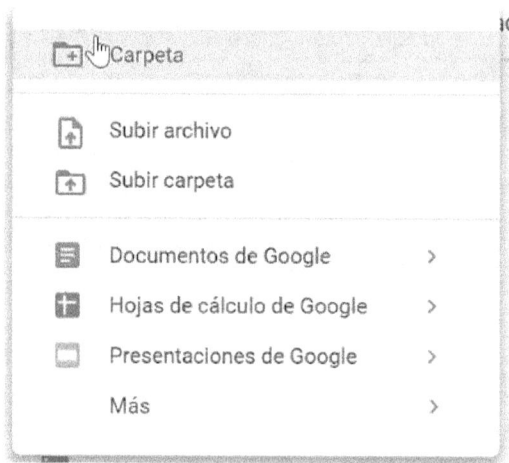

Figura 4.8 Menú con la opción Más.

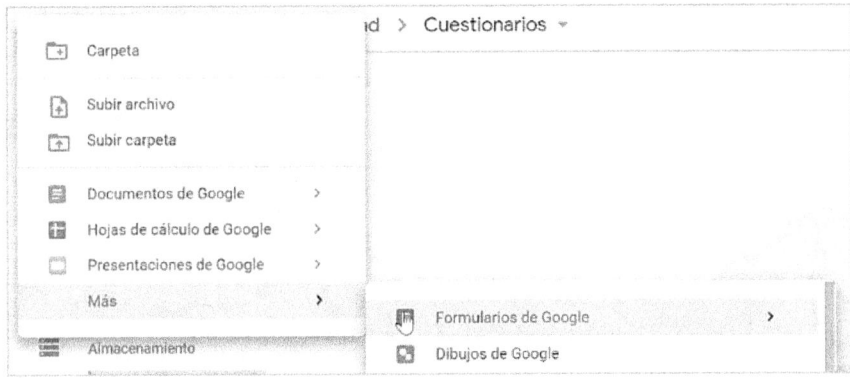

Figura 4.9 Submenú para Formularios de Google.

Al dar clic en la opción de *Formularios Google* se nos presenta la ventana para empezar a trabajar en el nuevo formulario o cuestionario como se muestra en la siguiente imagen.

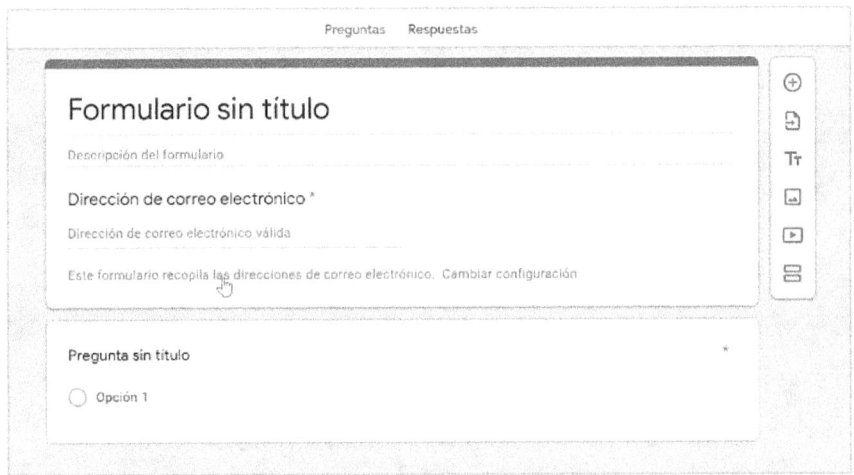

Figura 4.10 Ventana para crear formulario.

Para ver el video relacionado da un clic en la siguiente imagen o usa el URL https://youtu.be/OnLT679-jdg .

Ahora vamos a crear la versión digital del cuestionario de comida que diseñamos en el capitulo anterior.

4.3.1 Menú para comida

Para nombrar el cuestionario vamos a la parte del encabezado donde esta la leyenda de *"Formulario sin título"* y la cambiamos por el texto *"Menú para reunión"* como se muestra en la siguiente imagen.

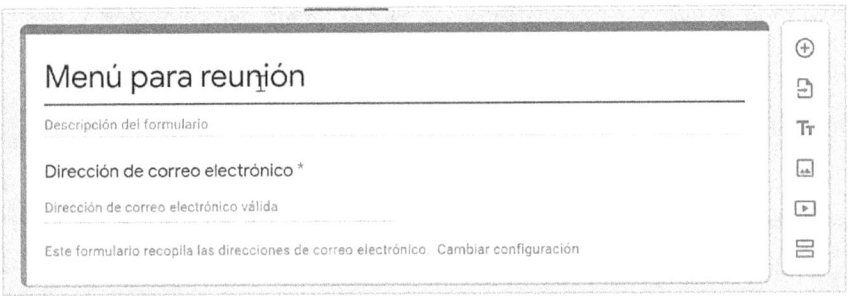

Figura 4.11 Título del cuestionario cambiado.

Ahora vamos al texto que se encuentra debajo del título con la leyenda *"Descripción del formulario"* y vamos a teclear el texto de *"Selecciona el tipo de comida y bebida que prefieres"* para dejarlo como la siguiente imagen.

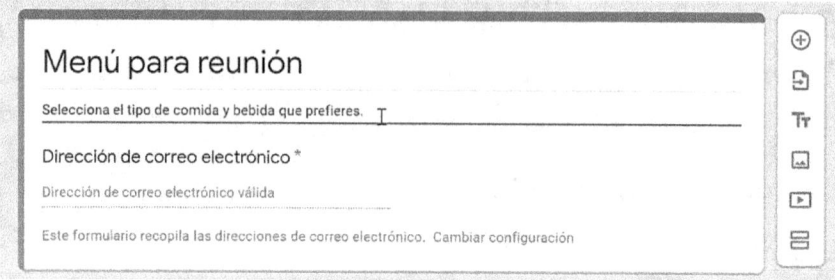

Figura 4.12 Descripción del formulario.

Para ver el video relacionado da un clic en la siguiente imagen o usa el URL https://youtu.be/87bU-D4-sgI .

Ahora vamos a agregar las preguntas a la sección del cuerpo del cuestionario. Vamos a dar un clic en la leyenda de *"Pregunta sin título"* y la sustituimos por *"¿Vas a asistir a la reunión de la empresa?"*.

Figura 4.13 Formulario con pregunta en blanco

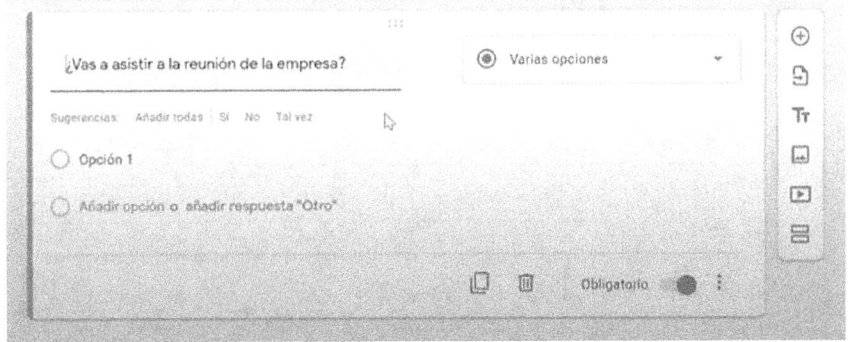

Figura 4.14 Formulario con nueva pregunta

Debajo de la pregunta que hemos colocado damos clic en la frase

"*Añadir todas*" para que automáticamente nos aparezcan las 3 opciones de "*Sí, No y Tal vez*". De esta forma nos ahorramos teclear las 3 opciones por separado.

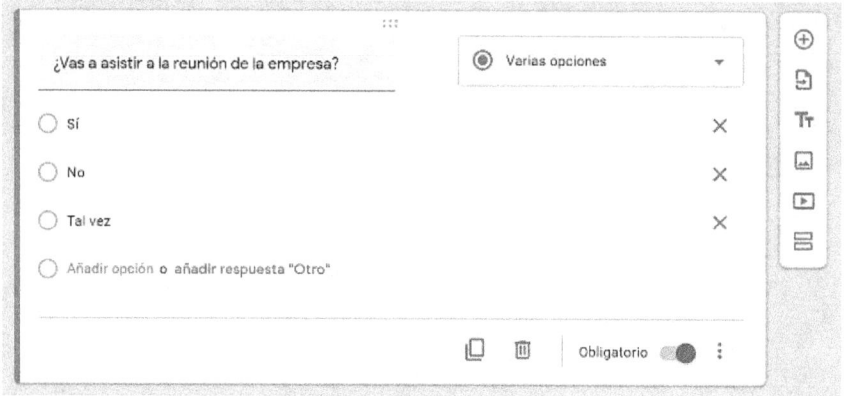

Figura 4.15 Formulario con pregunta

Ahora, para agregar la siguiente pregunta damos clic en el botón con el signo de más que se encuentra en la barra derecha de la pregunta que acabamos de crear.

Figura 4.16 Barra para agregar elementos.

Se agrega un nuevo bloque para crear otra pregunta como se muestra en la siguiente imagen.

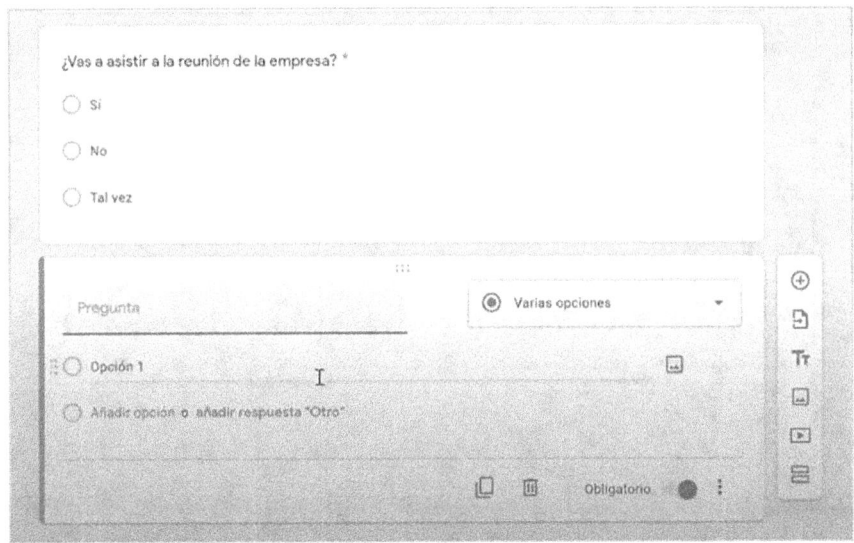

Figura 4.17 Nuevo bloque para la segunda pregunta.

La pregunta que vamos a agregar es "*¿Qué platillo prefieres para comer?*", enseguida damos un clic en la *Opción 1* y tecleamos la palabra "*Tacos*", despues se agrega otra opción (*Opción 2*) que vamos a sustituir por la palabra "*Hamburguesas*" y por último agregamos la opción de "*Pizza*". Ahora el cuestionario luce como la siguiente imagen.

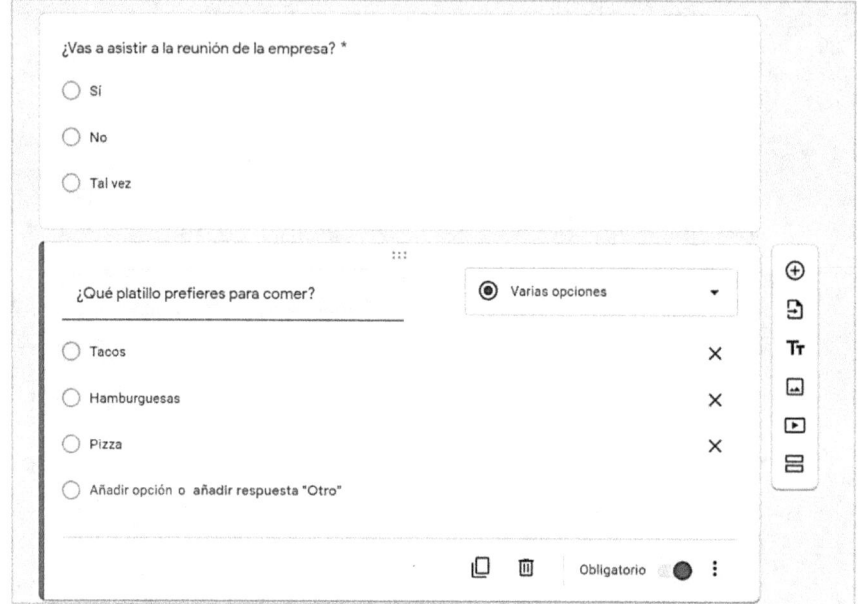

Figura 4.18 Segunda pregunta.

De forma similar agregamos la tercera pregunta que debería lucir como la siguiente imagen.

Figura 4.19 Tercera pregunta.

Ahora el cuestionario esta completo, listo para ser publicado.

Para ver el video relacionado da un clic en la siguiente imagen o usa el URL https://youtu.be/pxYhtwu5bAA .

4.3.2 Vista Previa

Para ver como será visto el cuestionario por las personas encuestadas, vamos a la parte superior derecha y damos un clic sobre el botón con forma de ojo para obtener una vista previa.

Figura 4.20 botón de vista previa.

Ahora se crea una nueva pestaña en tu navegador donde se muestra el formulario, tal y com lo verán los encuestados como en la siguiente imagen.

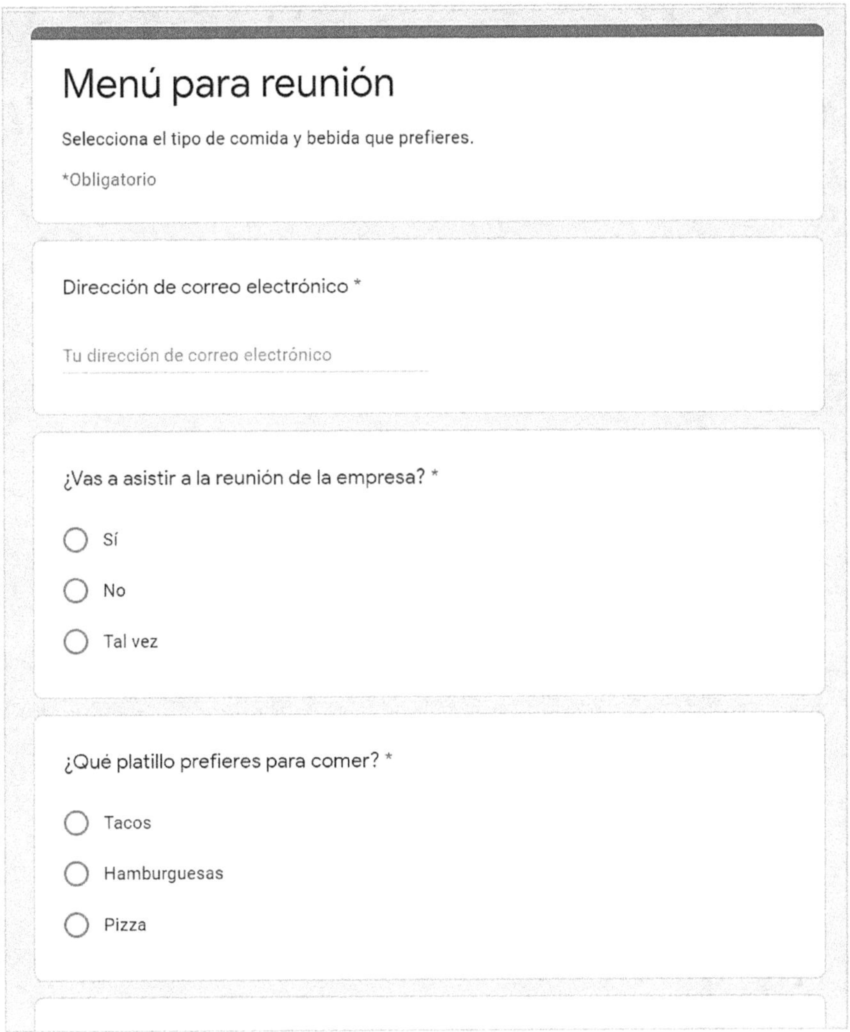

Menú para reunión

Selecciona el tipo de comida y bebida que prefieres.

*Obligatorio

Dirección de correo electrónico *

Tu dirección de correo electrónico

¿Vas a asistir a la reunión de la empresa? *

○ Sí

○ No

○ Tal vez

¿Qué platillo prefieres para comer? *

○ Tacos

○ Hamburguesas

○ Pizza

Figura 4.21 Formulario en vista previa.

Para volver a la de vista de diseño, cerramos la pestaña del navegador y volvemos a la pestaña anterior con el diseño del formulario.

Para ver el video relacionado da un clic en la siguiente imagen o usa el URL https://youtu.be/pyPEkMfHgK8 .

4.3.3 Personalizar el tema

A pesar de que nuestro formulario esta terminado, su aspecto no es muy atractivo, para mejorar esto vamos a persoalizar el tema.

Vamos a la parte superior derecha de nuestra página web y daremos un clic encima del icono con forma de paleta de pintura que se encuentra a la izquierda del botón de vista previa.

Figura 4.21 Botón para personalizar tema.

A continuación, aparece una ventana donde podemos elegir los siguientes elementos:

- Una imagen para el encabezado
- Un color para el tema
- Un color para el fondo de la página
- Un estilo de fuente diferente

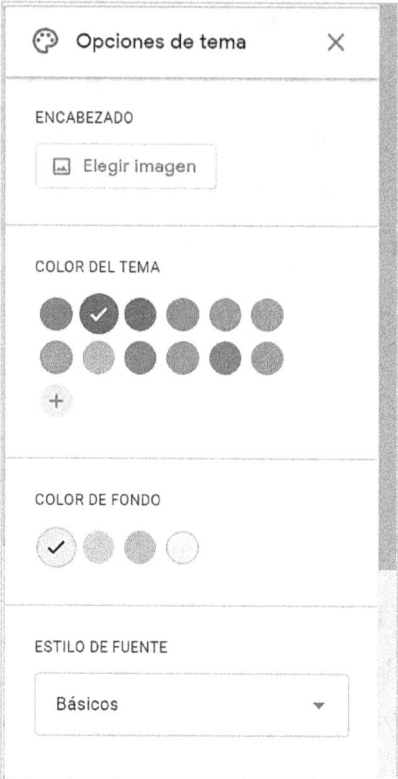

Figura 4.22 Ventana para personalización del tema

Al dar clic sobre el botón de *Elegir imagen*, se presenta la ventana siguiente con las opciones de imágenes disponibles para ser colocadas arriba del título del cuestionario como detalle decorativo.

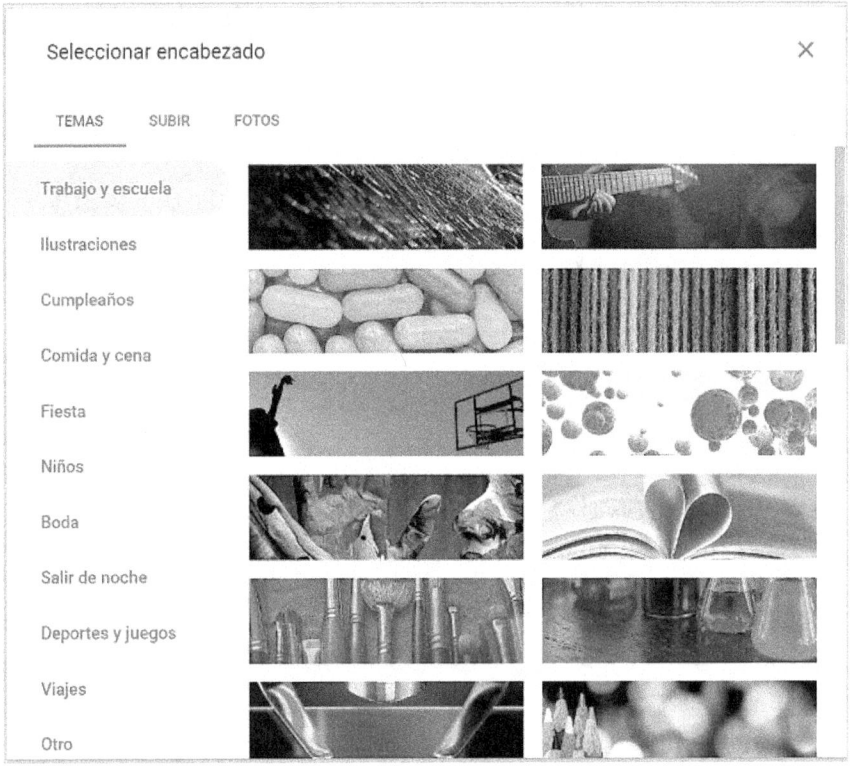

Figura 4.23 Ventana con imágenes para encabezado

Si nos movemos al menú de la izquierda, veremos que existe una opción de *Comida y cena*, al dar clic sobre esta opción aparecen imágenes que podemos utilizar. Da clic sobre alguna imagen y mira el resultado. Si no te agrada el resultado obtenido, puedes elegir nuevamente otra imagen.

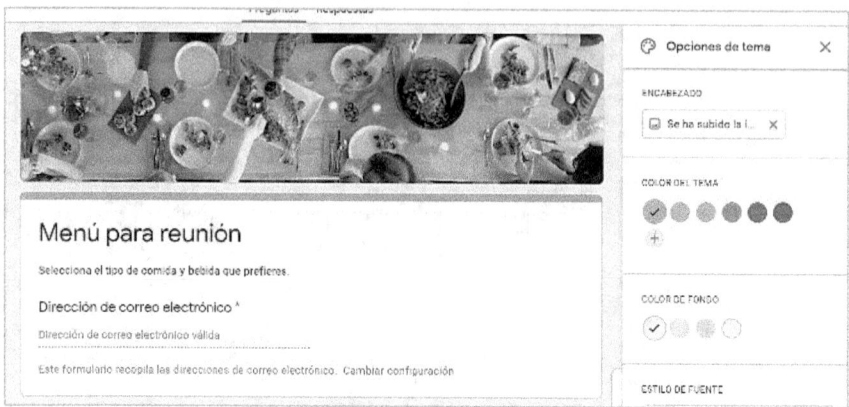

Figura 4.24 Titulo de formulario con imagen

Para ver el video relacionado da un clic en la siguiente imagen o usa el URL https://youtu.be/QcxCT7SbcFY .

Ahora vamos a elegir un color de tema, color de fondo y estilo de fuente del mismo menú para obtener un resultado como el mostrado en la siguiente imagen.

Figura 4.25 Formulario personalizado

Para ver el video relacionado da un clic en la siguiente imagen o usa el URL https://youtu.be/sBT9WstiiZM .

Despues de terminar la personalización, ve al botón de vista previa y da clic sobre él para ver el resultado, verá algo similar a la siguiente imagen.

Figura 4.26 Vista previa del formulario personalizado

4.3.4 Probar el cuestionario

Para probar el cuestioanrio ve a la vista previa y cuando se presente el formulario, llena el cuestionario (contestalo) simulando que eres uno de los encuestados y al terminarlo da un clic en el btón de *Enviar*.

Figura 4.27 Formulario constestado y enviado

Al probar tu cuestionario antes de publicarlo sabrás si es un buen cuestionario para ser enviado a los encuestados o si necesita alguna modificación antes de liberarlo.

Para ver el video relacionado da un clic en la siguiente imagen o usa el URL https://youtu.be/RI81R5kBoSo .

Cuestionarios digitales con Google

4.3.5 Evaluar el resultado gráfico

Una vez que probaste tu cuestionario (punto anterior) puedes volver a la vista de diseño y dar clic en la pestaña de *Respuestas* que se encuentra justo arriba de tu cuestionario, al hacer esto, verás la visualización de las respuestas que realizaste al probar la funcionalidad. De esta forma puedes evaluar si el cuestionario es correcto y estas obteniendo las gráficas que necesitas o si prefieres realizar una modificación antes de liberarlo y que sea publicado.

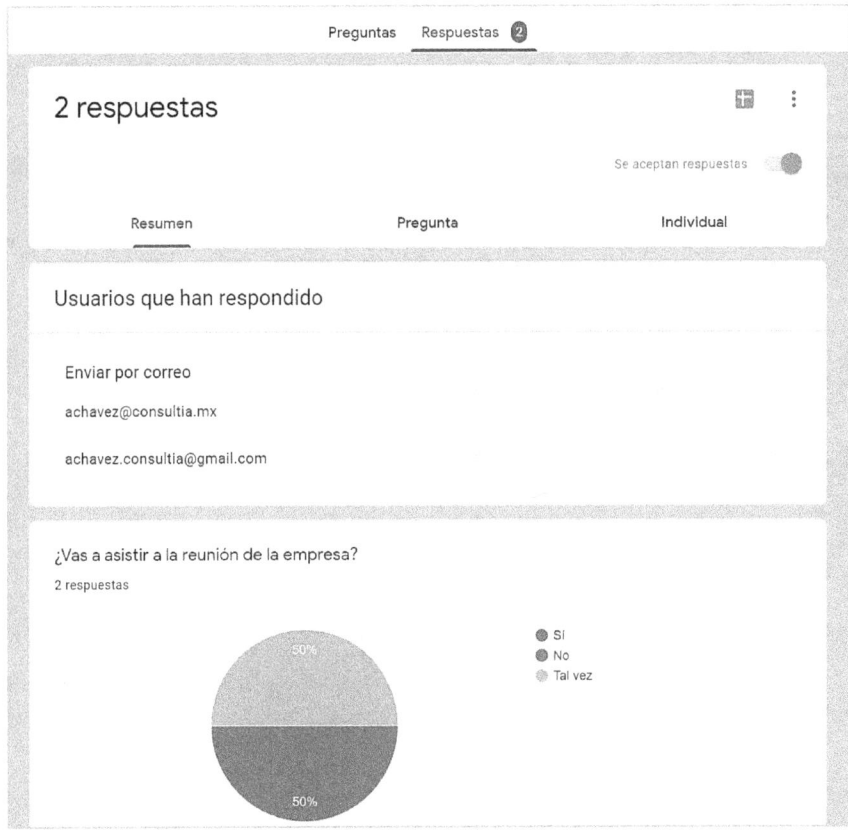

Figura 4.28 Revisión de las respuestas

Para ver el video relacionado da un clic en la siguiente imagen o usa el URL https://youtu.be/0Brr2DqvNAw .

4.3.6 Publicar el cuestionario

Después de la prueba de funcionalidad y la prueba de resultado gráfico estas listo para liberar tu cuestionario y publicarlo para poder ser encontrado en internet por las personas encuestadas para empezar a obtener la información que necesitas.

Para publicar tu cuestionario, regresas a la vista de diseño de tu cuestionario y das un clic sobre el botón de *Enviar* que se encuentra en la parte superior derecha de la página web.

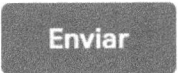

Figura 4.29 Botón Enviar

Entonces se abre la ventana de Enviar formulario, aquí tienes 3 formas de compartir tu cuestionario:

1. Por correo electrónico
2. Por URL
3. Por código de inserción

Enviar formulario	✕

☑ Recopilar direcciones de correo electrónico

Enviar a través de   ✉   🔗   <>   f 🐦

Enviar por correo

Para
_____

Asunto
Menú para reunión
_____

Mensaje
Te he invitado a que rellenes un formulario:
_____

☐ Incluir formulario en el correo electrónico

👤+ Añadir colaboradores   Cancelar   Enviar

Figura 4.30 Ventana Enviar formulario

4.3.6.1 Publicar el cuestionario por correo electrónico

Si decides compartir el formulario por correo electrónico debes dar un clic en la palabra *Para* que se encuentra debajo de la farse *Enviar por correo* y debes teclear los correos electrónicos de las personas que deseas que contesten el cuestionario, separando con coma cada correo electrónico. Debajo de *Asunto*, puedes colocar algún texto como "*Encuesta para decidir la comida del viernes*" y debajo de la palabra *Mensaje* puedes colocar un texto como "*Participa en la encuesta, tu opinión es importante*", de lo ocntrario quedará la leyenda de "*Te he invitado a que rellenes un formulario*". Por último, si deseas que el cuestionario vaya incluido dentro del correo activa la casilla "*Incluir formulario en el correo electrónico*".

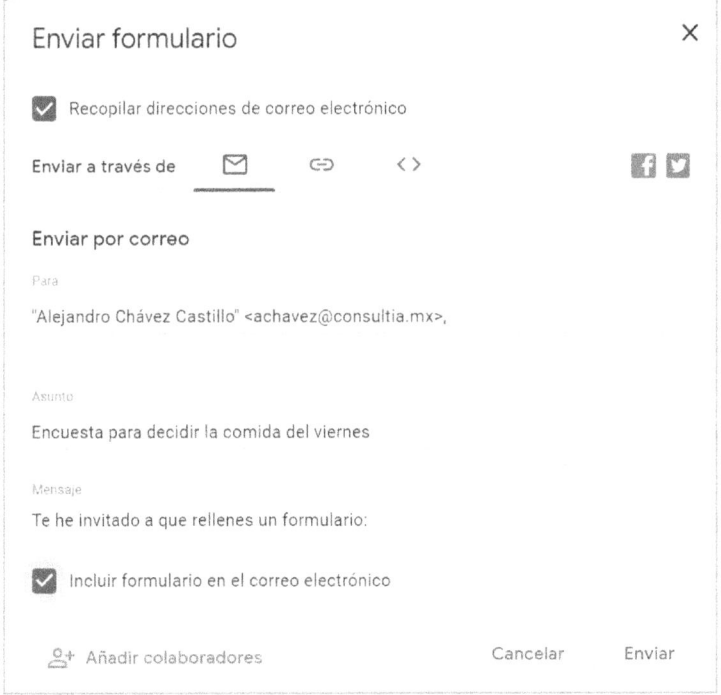

Figura 4.31 Ejemplo de ventana para enviar formulario por correo electrónico

Para ver el video relacionado da un clic en la siguiente imagen o usa el URL https://youtu.be/Kt8k9ErFD3o .

4.3.6.2 Publicar el cuestionario por URL

Si decides compartir el formulario por medio de un enlace o URL debes dar un clic en el botón de enlace (link).

Figura 4.32 Botón de enlace

Ahora puedes copiar el enlace URL qu se encuentra debajo de la palabra *Enlace*. Si te parece una dirección URL muy larga puedes dar un clic en el recuadro de *Acortar URL*.

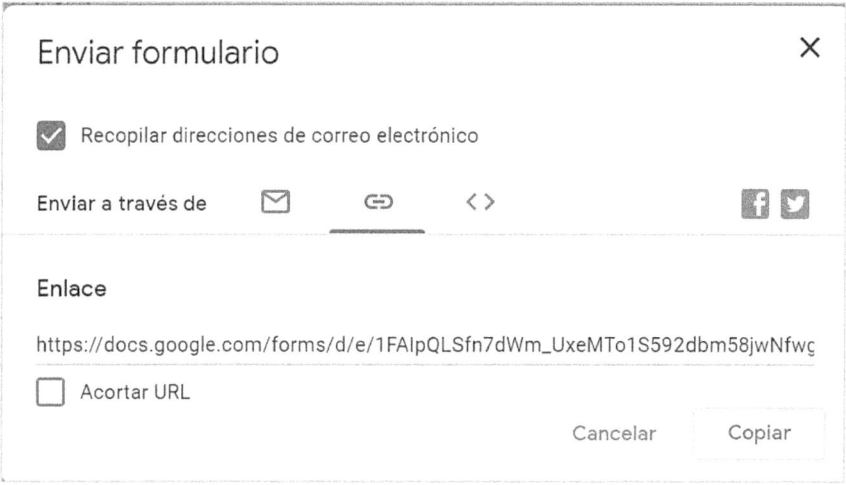

Figura 4.33 Ventana para enviar formulario por URL

Al solicitar acortar el URL obtienes un enlace más corto como se ve en la siguiente imagen.

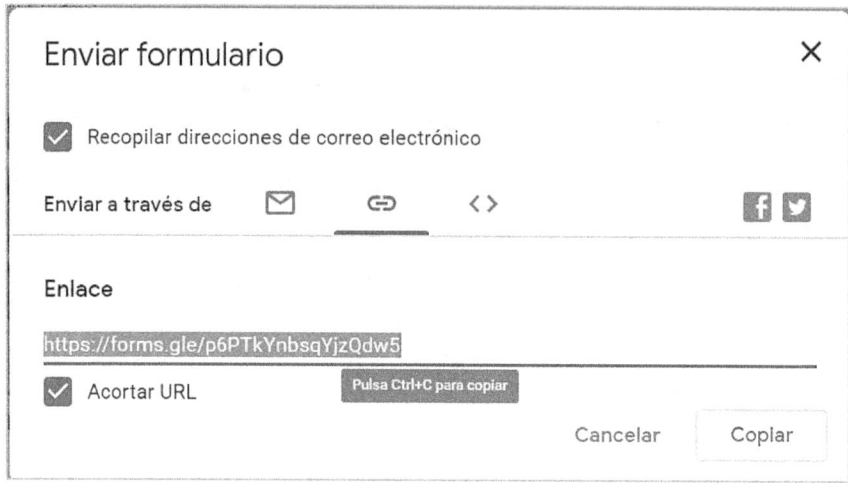

Figura 4.34 Ventana para enviar formulario por URL acortada

Ahora puedes copiar el URL acortado y pegarlo en un mensaje de correo electrónico, en un mensaje de WhatsApp o en alguna red social como Facebook o LinkedIn y compartirlo así para que, al dar clic en la dirección sean enviados al formulario y puedan llenarlo.

Para ver el video relacionado da un clic en la siguiente imagen o usa el URL https://youtu.be/BvwnwOC-lR8 .

4.3.6.3 Publicar el cuestionario por código

Si decides compartir el formulario incrustándolo en un sitio web para que parezca que el cuestionario se encuentra dentro de una página web de tu sitio (cuando en realidad se encuentra en tu cuenta de Gmail), entonces debes dar clic sobre el botón de código.

Figura 4.35 Ventana para incrustar el formulario

Ahora debes copiar el código que se muestra debajo de la leyenda "*Insertar HTML*" y se lo proporcionas al programador web o al administrador de sitios web de tu negocio para que lo coloque dentro de una página web en tu sitio web.

Figura 4.36 Ventana para incrustar el formulario en tu sitio web

Para ver el video relacionado da un clic en la siguiente imagen o usa el URL https://youtu.be/IzrldV22b1M .

4.3.6.4 Publicar el cuestionario por redes sociales

Si decides compartir el formulario publicándolo dentro de facebook o twitter, da un clci en el icono de estas redes sociales y después serás trasladado a ellas para autorizar la publicación.

Figura 4.37 Botones de rdes sociales

Para ver el video relacionado da un clic en la siguiente imagen o usa el URL https://youtu.be/sQx1cOM_53k .

5 Los tipos de preguntas en Google

Imagen: Megan Rexazin en Pixabay

En este capítulo vamos a conocer todos los tipos de preguntas que puedes colocar en Formularios de Google.

5.1 Preguntas abiertas de texto corto

Este tipo de preguntas acepta sólo respuestas de texto de hasta 128 letras o caracteres. Este tipo es ideal para solicitar por ejemplo el nombre del participante

Figura 5.1 Bloque para pregunta nueva

Para crear una pregunta de este tipo, tecleas tu pregunta y después, vas al menú con la leyenda *Varias opciones* y das clic sobre él, ahí seleccionas la opción de *Respuesta corta* y con esto estas permitiendo que el encuestado escriba cualquier cosa con una longitud de hasta 128 caracteres.

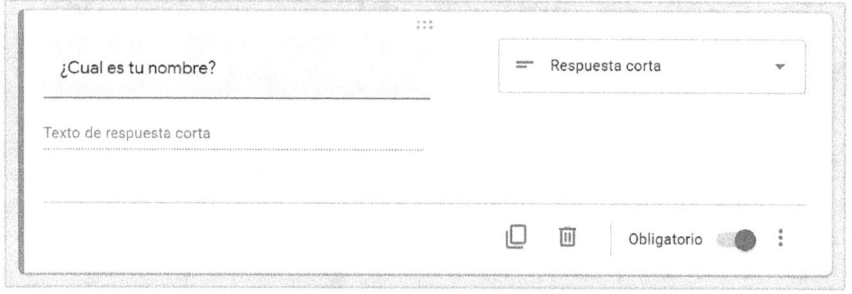

Figura 5.2 Pregunta con respuesta de texto corto

La apariencia de esta pregunta en vista previa es la siguiente.

Cuestionarios digitales con Google

Figura 5.3 Vista previa

Para ver el video relacionado da un clic en la siguiente imagen o ve al URL https://youtu.be/gXqW6cezFaI .

5.2 Preguntas abiertas de texto largo

Este tipo de preguntas acepta sólo respuestas de texto de hasta 65,000 letras o caracteres. Este tipo de preguntas es ideal para solicitar una descripción, comentario u observación detallada sobre algún tema.

Para lograr esta pregunta sigue slos pasos del caso anterior, pero seleccionas la opción de *Párrafo*.

Figura 5.4 Pregunta con respuesta de texto largo

La apariencia de esta pregunta en vista previa es la siguiente.

Figura 5.5 Vista previa

Para ver el video relacionado da un clic en la siguiente imagen o ve al URL https://youtu.be/gtN5H3USD60 .

Cuestionarios digitales con Google

5.3 Preguntas SI/NO

Este tipo de preguntas acepta sólo respuestas de tipo SI, NO y TAL VEZ. Para obtener una pregunta de este tipo, escribes el texto de la pregunta y después en el menú del tipo de respuesta escoge *Varias opciones* y asegúrate que se presenta el botón de *Añadir todas* debajo de la pregunta y a su derecha las opciones Si, No y Tal vez. Ahora da clic en el botón de *Añadir todas* y listo.

Figura 5.6 Pregunta tipo SI/NO/Tal vez

El resultado se muestra a continuación.

Figura 5.7 Pregunta tipo SI/NO/Tal vez

Aunque es posible agregar más opciones a este tipo de pregunta, no se acoseja a menos que sea un caso muy necesario.

La aparienecia de esta pregunta en vista previa es la siguiente.

¿Te gustaría vivir en China? *
○ Opción 1
○ Sí
○ No
○ Tal vez

Figura 5.8 Vista previa

Para ver el video relacionado da un clic en la siguiente imagen o ve al URL https://youtu.be/2zRxjh5-Nrg .

5.4 Preguntas de opción multiple con una opción permitida

Este tipo de pregunta te ofrece varias opciones como respuesta donde sólo puedes seleccionar una.

Para crear este tipo de pregunta, en el menú de respuesta seleccionas *Varias opciones* y después vas a la *Opción 1* y escribes el texto de la primera opción, después de agregar la primera opción, debajo te aparece el texto *Añadir opción* y ahí agregas la segunda opción, después repites el mismo procedimiento hasta que hayas agregado todas las opciones.

Figura 5.9 Pregunta de opción múltiple con una respuesta permitida

La apariencia en vista previa es la siguiente.

Cuestionarios digitales con Google

¿Cual es tu comida preferida? *

○ Tacos

◉ Hamburguesa

○ Pizza

Figura 5.10 Vista previa

Para ver el video relacionado da un clic en la siguiente imagen o ve al URL https://youtu.be/LeU7rySLSH0 .

5.5 Preguntas de opción multiple con varias opciones permitidas

Este tipo de preguntas es muy útil cuando le quieres permitir al encuestado seleccionar todas las opciones que apliquen en una situación.

Para obtener este tipo de respuestas, debes cambiar el tipo de respuesta de *Varias opciones* a *Casillas*.

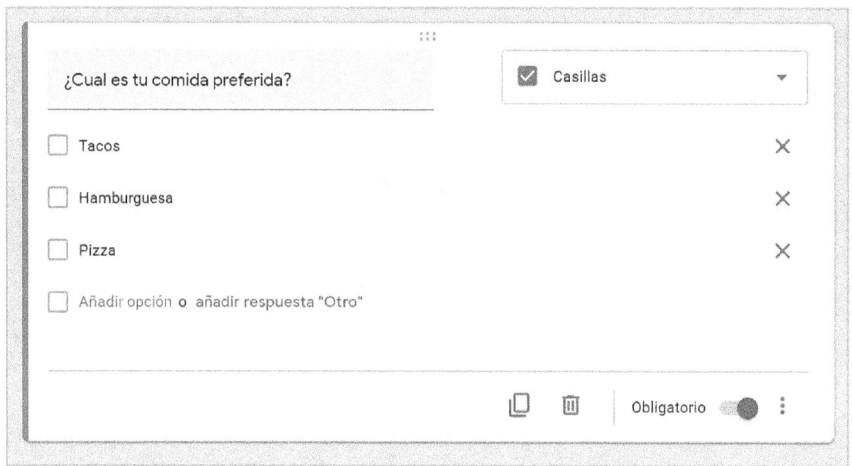

Figura 5.11 Pregunta de opción múltiple con varias respuestas permitidas

La apariencia de esta pregunta en vista previa es la siguiente.

Cuestionarios digitales con Google

¿Cual es tu comida preferida? *

☑ Tacos

☑ Hamburguesa

☐ Pizza

Figura 5.12 Vista previa

Para ver el video relacionado da un clic en la siguiente imagen o ve al URL https://youtu.be/W02rfIoxEz0 .

5.6 Preguntas de lista desplegable

Este tipo de pregunta es muy similar a la spreguntas de opción múltiple con una respuesta permitida, pero te permite ahorrar espacio al mostrar un menú desplegable (combo) en lugar de mostrra todas las opciones hacia abajo.

Para obtenet una pregunta de este tipo seleccionas la, opción de *Desplegable*.

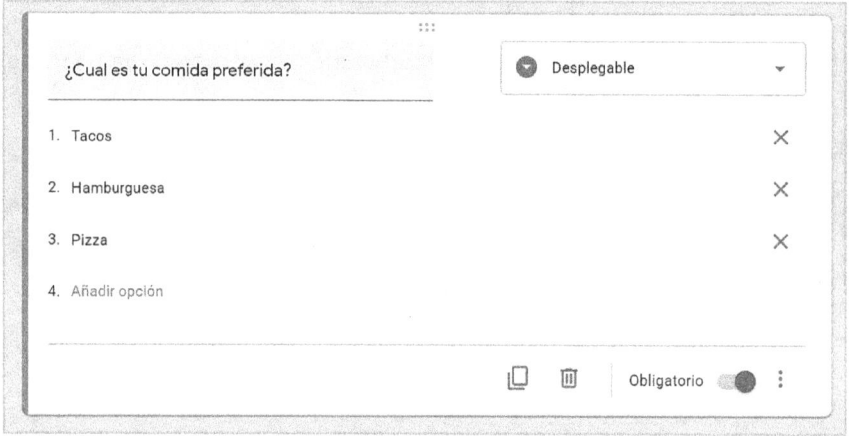

Figura 5.13 Pregunta de opción múltiple en menú desplegable

El resultado en vista previa es el siguiente.

Figura 5.14 Resultado en vista previa

Este tipo de pregunta ahorra mucho espacio al matener los custionarios compactos.

Para ver el video relacionado da un clic en la siguiente imagen o ve al URL https://youtu.be/9Jt96AJck0k .

5.7 Preguntas de fechas

Este tipo de pregunta permite responder con una fecha, para esto debes seleccionar el tipo de respuesta Fecha. Con esta opción se presenta un botón tipo calendario para que selecciones la fecha o puedes teclearla directamente en el espacio de respuesta.

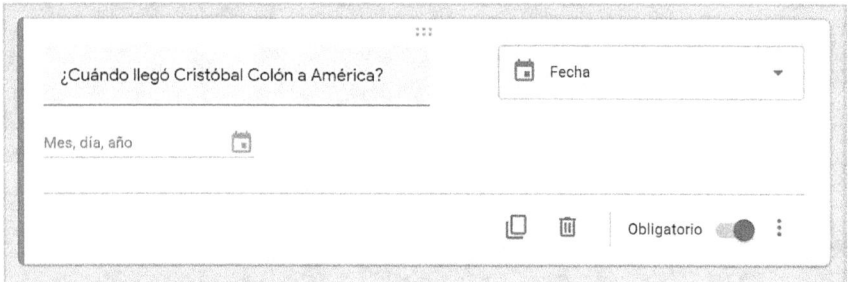

Figura 5.15 Pregunta tipo fecha

La presentación en vista previa se ve como en la siguiente imagen.

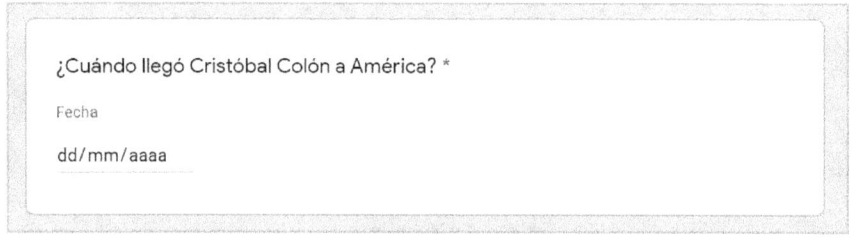

Figura 5.16 Vista previa

Al posicionar el ratón en la respuesta para contestar se presenta un calendari coo en la siguiente imagen.

Cuestionarios digitales con Google

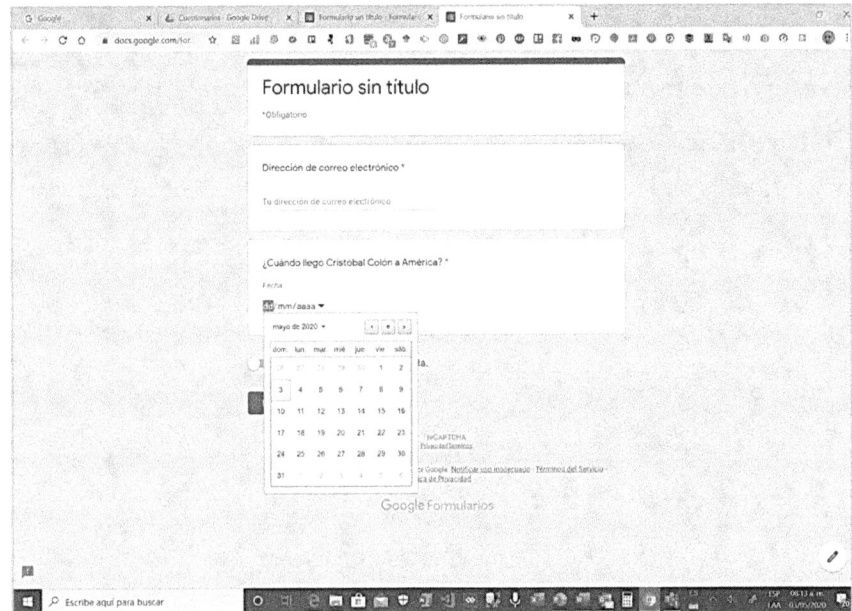

Figura 5.17 Vista previa

Para ver el video relacionado da un clic en la siguiente imagen o ve al URL https://youtu.be/oQDd9vpUcZc

5.8 Preguntas de Hora

Este tipo de pregunta permite contestar con una hora del dia, en horas y miutos. Para crear esta pregunta, seleccionas la opción *Hora* en el tipo de respuesta.

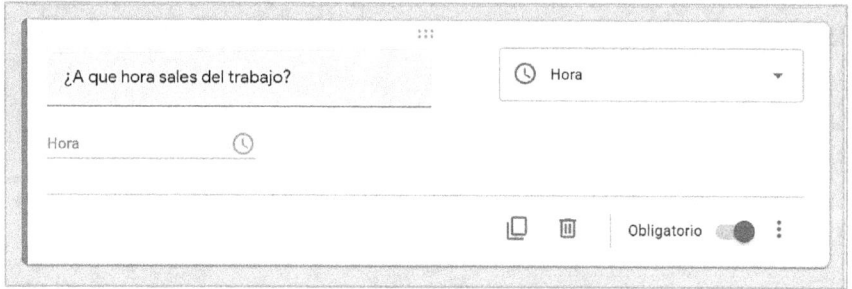

Figura 5.18 Pregunta tipo hora

La vista previa se ve como en la siguiente imagen.

Figura 5.19 Vista previa

Para ver el video relacionado da un clic en la siguiente imagen o ve al URL https://youtu.be/jXIKxpPP5Eo

5.9 Preguntas de Escala Lineal

En este tipo de pregunta puedes calificar en base a una escala de números en base a mínimo y máximo. Para crear estat tipo de pregunta seleccionas el tipo de respuesta como Escala lineal y entonces se muestra la siguiente imagen.

Figura 5.20 Pregunta tipo escala lineal

Después te colocas en la leyenda de *1 Etiqueta (opcional)* y sustituyes el texto por el que necesitas para tu número menor, enseguida sustituyes el texto para el número mayor *5 Etiqueta (opcional)*.

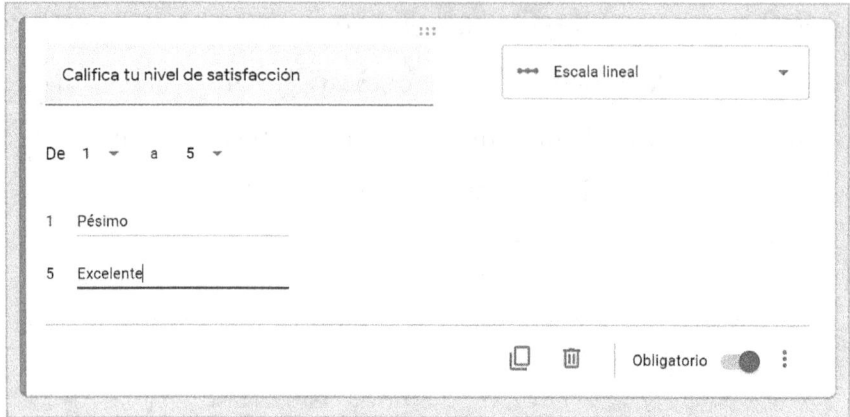

Figura 5.21 Pregunta tipo escala lineal con texto

La vista previa para este tipo de pregunta se ve como en la siguiente imagen.

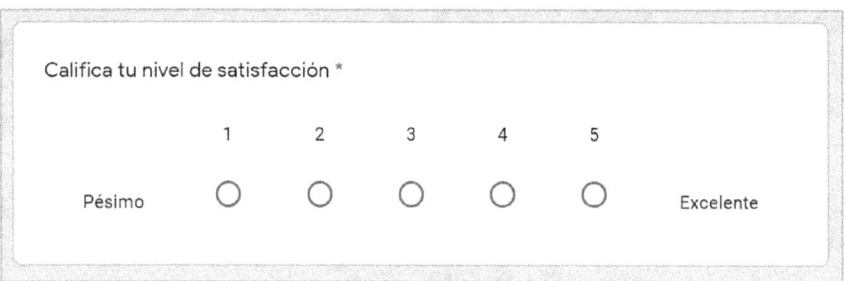

Figura 5.22 Vista previa

Para ver el video relacionado da un clic en la siguiente imagen o ve al URL https://youtu.be/43nRzX72GeY

5.10 Preguntas de cuadrícula de varias opciones

En este tipo de pregunta puedes evaluar varios elementos (filas) contra varias calificaciones (columnas).

Para crear este tipo de preguntas seleccionas el tipo de respuesta Cuadrícula de varias opciones para obtener filas y columnas como se muestra en la siguiente imagen.

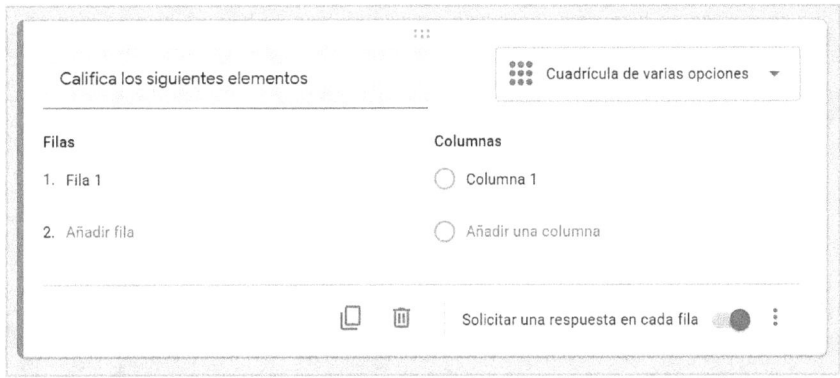

Figura 5.23 Pregunta de cuadrícula de varias opciones

En la leyenda de *Fila 1* puedes sustituir el texto por *"Puntualidad"* y debejo en la leyenda de *Añadir fila* colocas *"Limpieza"*, después colcocas el ratón en la sección de columnas y agregas 3 columnas con los valores de *"Mala"*, *"Regular"* y *"Buena"* como se muestra a continuación.

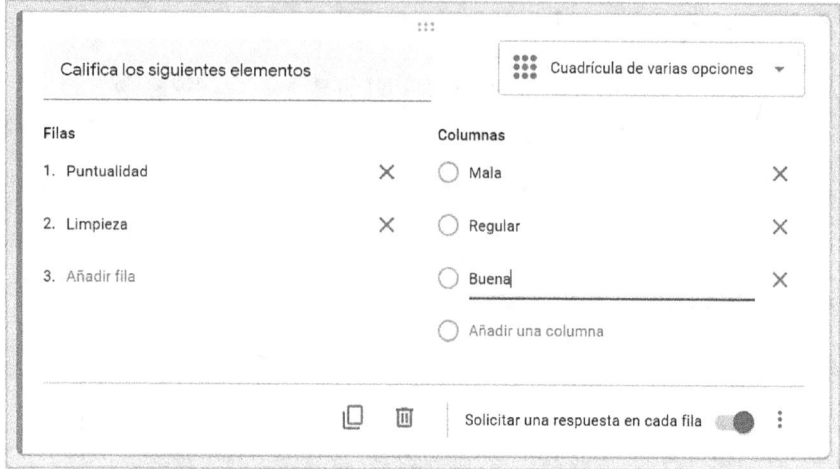

Figura 5.24 Pregunta de cuadrícula de varias opciones

El resultado en vista previa se ve como en la siguiente imagen.

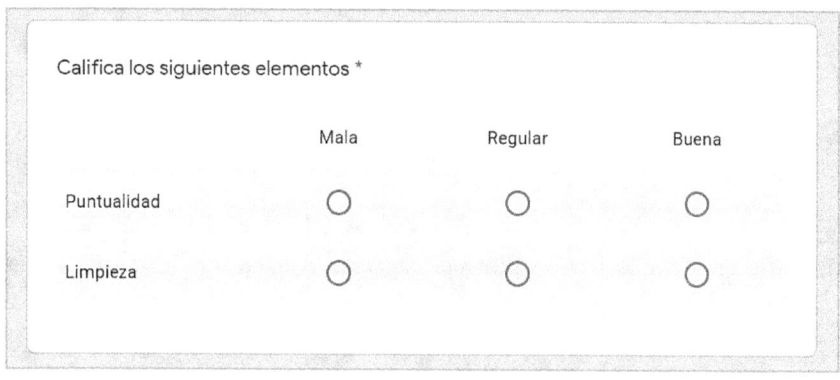

Figura 5.25 Vista previa

Para ver el video relacionado da un clic en la siguiente imagen o ve al URL https://youtu.be/FKHv6hZb5fo

5.11 Preguntas de cuadrícula de casillas

Este tipo de pregunta es similar al de cuadrícula de varias opciones, pero aquí se permite relacionar una fila con más de una columna.

Para crear una pregunta de este tipo seleccionas el tipo de rspuesta Cuadrícula de casillas.

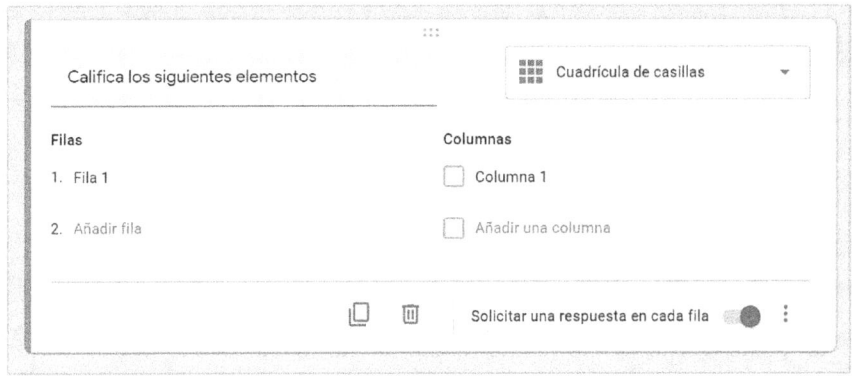

Figura 5.26 Pregunta tipo cuadrícula de casillas

Después agregas las filas con los elementos a evaluar y e las columnas colocas los posibles valores o combinaciones.

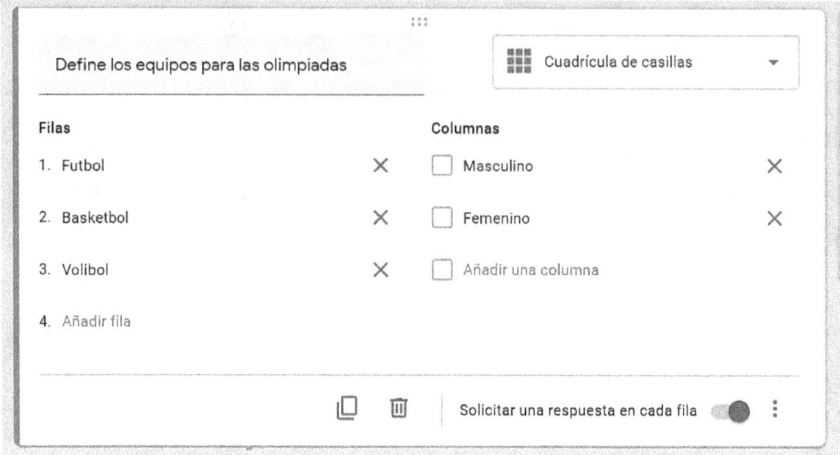

Figura 5.27 Pregunta tipo cuadrícula de casillas

La vista previa se muestra como en la siguiente imagen.

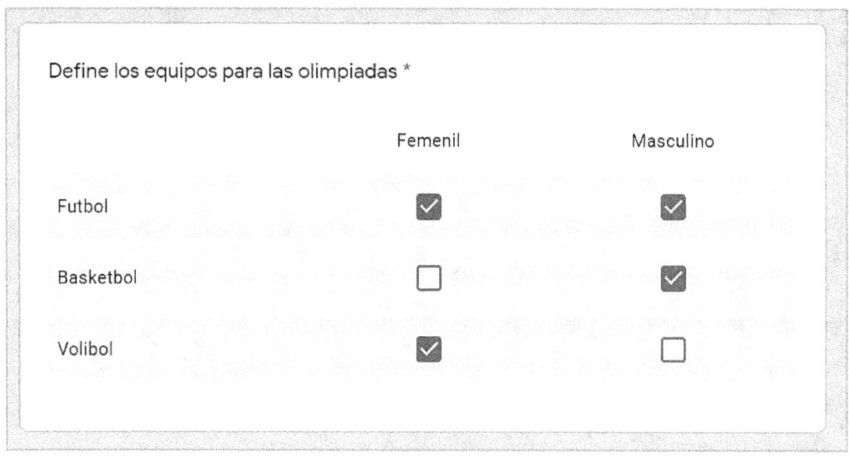

Figura 5.28 Vista previa

Para ver el video relacionado da un clic en la siguiente imagen o ve al URL https://youtu.be/4yF8859zDas

Cuestionarios digitales con Google

5.12 Preguntas para subir archivos

En este tipo de pregunta, se permite que el encuestado suba un archivo al espacio de Google Drive del autor del formulario.

Para crear este tipo de pregunta, seleccionas el tipo de respuesta *Subir archivos* y se preentan las siguientes opciones.

Figura 5.29 Pregunta tipo subir archivo

Com se ve en la imagen anterior, se puede especificar el tipo de archivos a subir, la cantidad de archivos a subir (máximo) y el tamaño máximo de cada archivo.

Figura 5.30 Ejemplo de pregunta tipo subir archivo

La vista previa se muestra en la siguiente imagen.

Figura 5.31 Vista previa

Para ver el video relacionado da un clic en la siguiente imagen o ve al URL https://youtu.be/iAkWLqgZl1A

6 Agregar más elementos al cuestionario

Imagen: Megan Rexazin en Pixabay

En este capítulo veremos las opciones de la barra que se presenta a la derecha de cada pregunta y sus diferentes tareas.

6.1 Agregar una pregunta

Para agregar una nueva pregunta al formulario sólo necesitas posicionarte en la pregunta anterior a la que deseas insertar y presionar el botón de agregar.

Figura 6.1 Botón para agregar pregunta

6.2 Eliminar una pregunta

Para eliminar una pregunta debes dar clic sobre la pregunta que quieres eliminar y después das un clic sobre el bote de basura que se encuentra en la parte baja de esa pregunta.

Figura 6.2 Botón para eliminar pregunta

6.3 Duplicar una pregunta

En alguna ocasión es posible que, al agregar una nueva pregunta, resulta que la siguiente tiene una estructura muy similar, en tes caso es más fácil realizar una copia (duplicado) de la pregunta y modificarla que agregar una pregunta nueva en blanco.

Para duplicar una pregunta, te posicionas en la pregunta de origen que dseas duplicar y después das clic en el botón de duplicar que se encuentra en la parte baja de la pregunta.

Figura 6.3 Botón para duplicar pregunta

6.4 Pregunta obligatoria

Si deseas que la pregunta sea contestada antes de continuar el cuestionario debes marcarla como obligatoria. Esto se logra activando la opción de Obligatorio hacia la derecha, en la parte baja de la pregunta.

Figura 6.4 Botón para hacer obligatoria una pregunta

Si por el contrario la pregunta es opcional (puede ser no contestada) puedes mover el control de la imagen anterior a la izquierda.

6.5 Importar preguntas

Para importar las preguntas de otro formulario, puedes dar clic en el botón de Importar pregunta.

Figura 6.5 Botón de importar pregunta

Al dar clic se presentarán todos los formularios que tienes en tu Google Drive y podrás seleccionar alguno para importar todas sus preguntas y después personalizarlo a tu necesidad. Esto es muy útil cuando necesitas hacer una variación de un formulario ya existente.

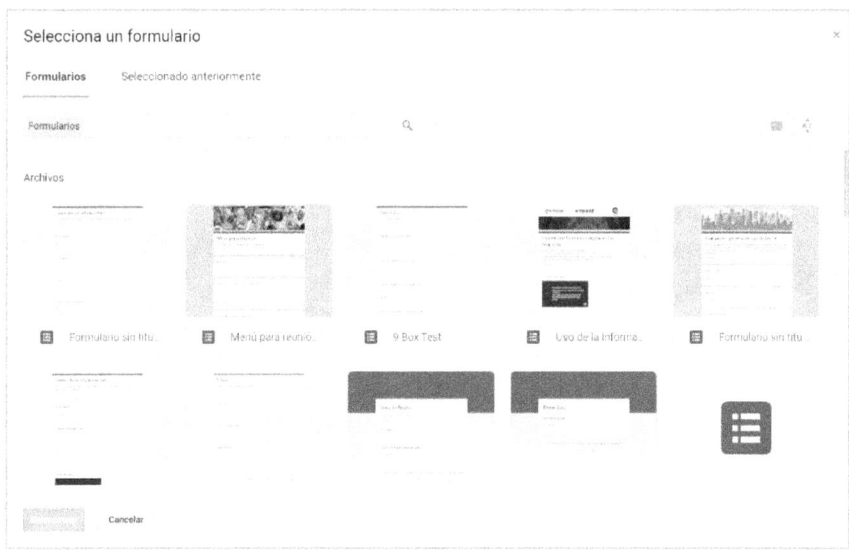

Figura 6.6 Ventana para seleccionar un formulario existente.

6.6 Añadir una sección

Si necesitas dividir tu cuestionario en secciones para preguntar sobre aspectos diferentes, puedes agregar una nueva sección dando clic sobre el botón de *Añadir sección*.

Figura 6.7 Botón para agregar una sección.

6.7 Añadir título y descripción

Si en la nueva sección que agregaste, es conveniente agregar un título y descripción de sección para mejorar la claridad del cuestionario, entonces puedes ir a la nueva sección y dar un clic en el botón de Añadir título y descripción.

Figura 6.8 Botón para agregar título y descripción.

6.8 Añadir una imagen

Si necesitar añadir una imagen a una sección o pregunta para hacerla más explícita o atractiva, puedes dar clic en el botón de Añadir imagen.

Figura 6.9 Botón para agregar imagen.

A continuación, deberás seleccionar la fuente (origen o ruta) de la imagen.

Figura 6.10 Botón para seleccionar el origen de la imagen.

6.9 Agregar un video

Si necesitas agregar un video a tu sección o pregunta, da un clic en el botón para agregar vídeos.

Figura 6.11 Botón para agregar video.

El video por elegir deberá estar contenido en el servicio de YouTube.

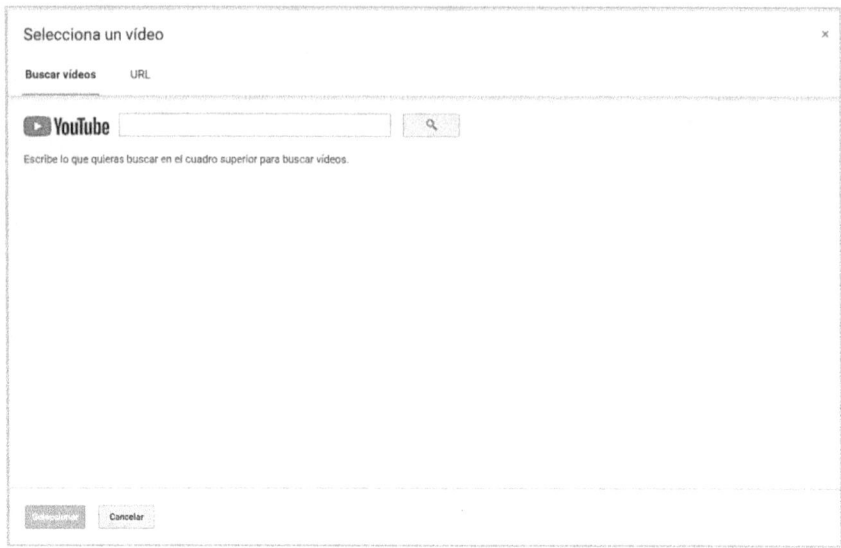

Figura 6.12 Ventana para seleccionar vido en YouTube.

Con todas las opciones vistas en este capítulo puedes mejorar considerablemente el diseño de tu cuestionario.

7 Análisis y presentación de la información

Imagen: Megan Rexazin en Pixabay

En este capítulo vamos a ver la gráfica que genera cada tipo de pregunta.

Cada tipo de pregunta genera un tipo especial de gráfica, el tipo de gráfica influye en la forma de presentar la información, veamos cada tipo de gráfica a continuación.

7.1 Preguntas de texto

Las preguntas de texto no generan ninguna gráfica sólo se muestra su contenid como se ve en la siguiente imagen.

Si tenemos un cuestionario que damos a llenar a 2 personas con la pregunta de Tu nombre, al tener las siguientes respuestas:

Figura 7.1 Respuesta 1

Figura 7.2 Respuesta 2

Obtenemos la siguiente grafica:

Cuestionarios digitales con Google

Tu Nombre
2 respuestas

Alan Chavez

Alejandro Chavez

Figura 7.3 Resultado

Como el contenido de texto no s epuede graficar, sólo obtenemos el listado d ellos valores tecleados por los encuestados.

7.2 Pregunta de texto largo

Las preguntas de texto largo no generan ninguna gráfica sólo se muestra su contenid como se ve en la siguiente imagen.

Si tenemos un cuestionario que damos a llenar a 2 personas con la pregunta de *Tu Domicilio*, al tener las siguientes respuestas:

Figura 7.4 Respuesta 1

Figura 7.5 Respuesta 2

Obtenemos la siguiente grafica:

Figura 7.6 Resultado

Como vemos, en el caso de texto largo tampoco se puede generar una gráfica y se muestra el listado de las respuestas.

7.3 Pregunta de Si, No o Tal vez

Las preguntas de texto largo no generan ninguna gráfica sólo se muestra su contenid como se ve en la siguiente imagen.

Si tenemos un cuestionario que damos a llenar a 2 personas con la pregunta de Tu nombre, al tener las siguientes respuestas:

Figura 7.7 Respuesta 1

Figura 7.8 Respuesta 2

Obtenemos la siguiente grafica:

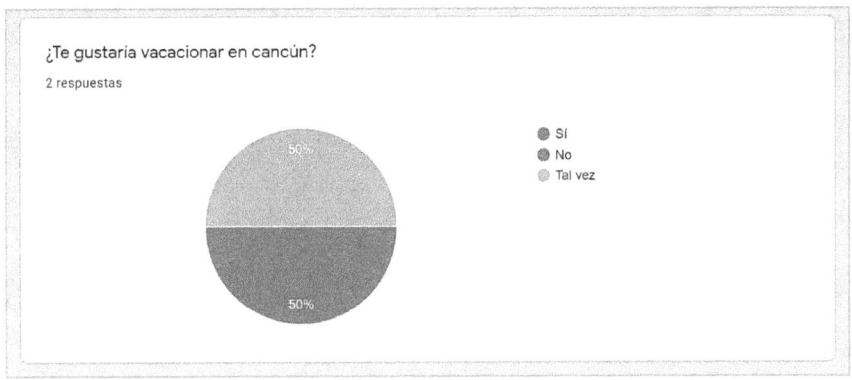

Figura 7.9 Resultado

En este caso, si es posible genera una gráfica para mostrar cuantas personas seleccionaron alguna d elas opciones, la gráfica que se genera siempre es una de pastel.

7.4 Pregunta de varias opciones con una respuesta permitida

Las preguntas de texto largo no generan ninguna gráfica sólo se muestra su contenid como se ve en la siguiente imagen.

Si tenemos un cuestionario que damos a llenar a 2 personas con la pregunta de Tu nombre, al tener las siguientes respuestas:

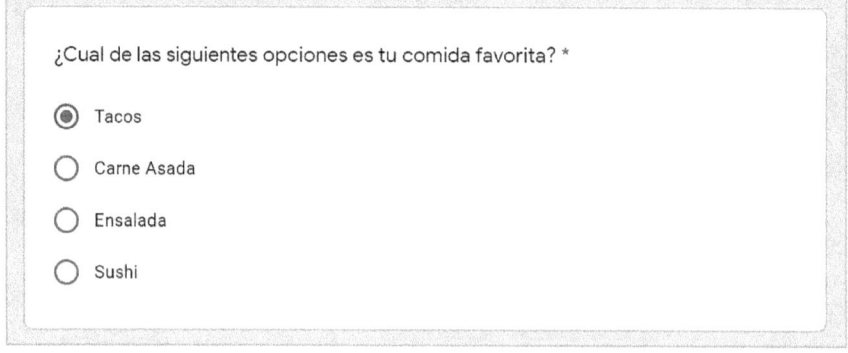

Figura 7.10 Respuesta 1

Figura 7.11 Respuesta 2

Obtenemos la siguiente grafica:

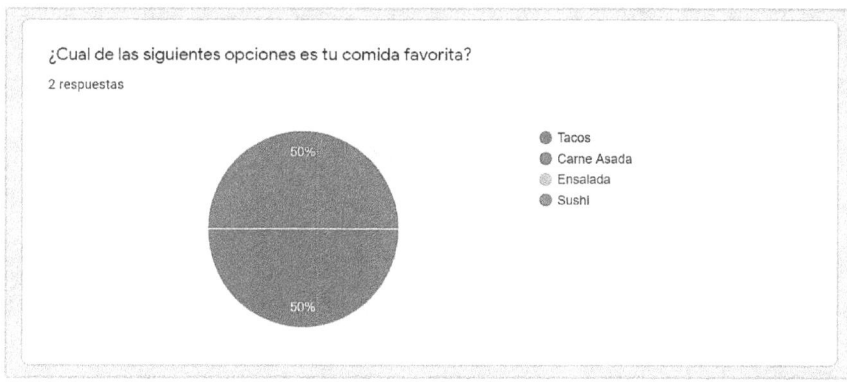

Figura 7.12 Resultado

La gráfica generada es de tipo pastel mostrando cuantas personas seleccionaron cada opción.

7.5 Pregunta de casillas

Las preguntas de texto largo no generan ninguna gráfica sólo se muestra su contenid como se ve en la siguiente imagen.

Si tenemos un cuestionario que damos a llenar a 2 personas con la pregunta de Tu nombre, al tener las siguientes respuestas:

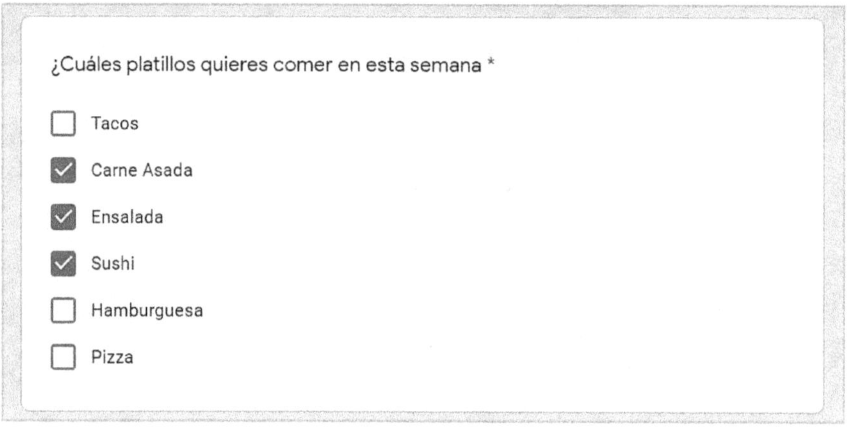

Figura 7.13 Respuesta 1

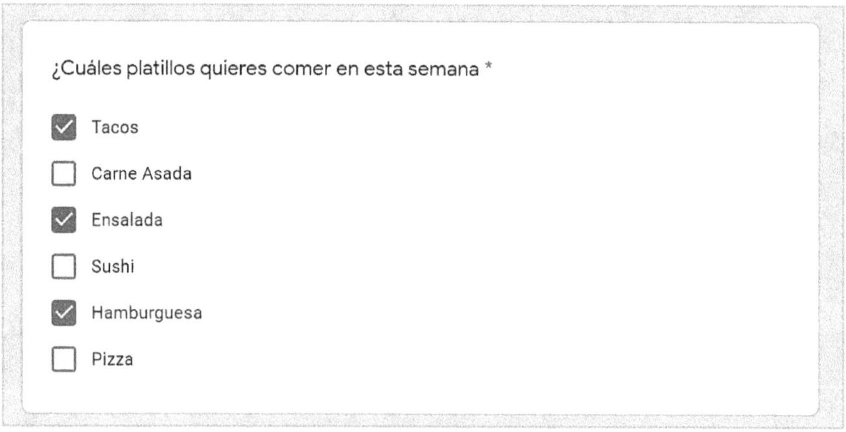

Figura 7.14 Respuesta 2

Obtenemos la siguiente grafica:

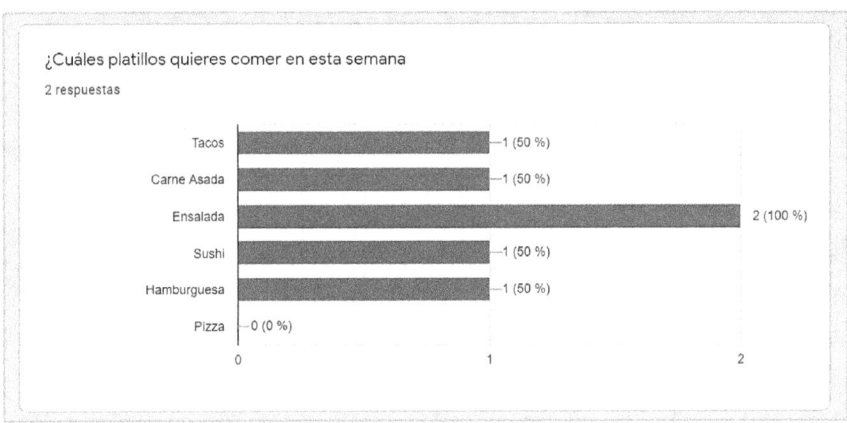

Figura 7.15 Resultado

La pregunta de tipo casillas se representa con una gráfica de barras mostrando la frecuencia de cada opción elegida.

7.6 Pregunta de menú desplegable

Las preguntas de texto largo no generan ninguna gráfica sólo se muestra su contenid como se ve en la siguiente imagen.

Si tenemos un cuestionario que damos a llenar a 2 personas con la pregunta de Tu nombre, al tener las siguientes respuestas:

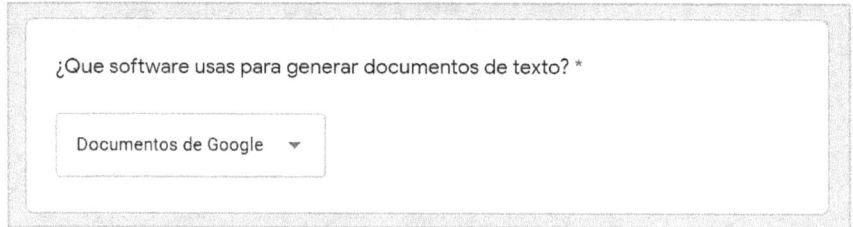

Figura 7.16 Respuesta 1

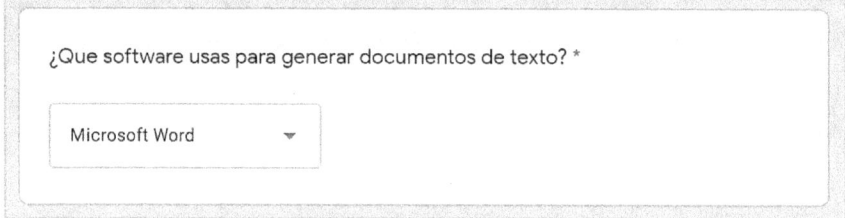

Figura 7.17 Respuesta 2

Obtenemos la siguiente grafica:

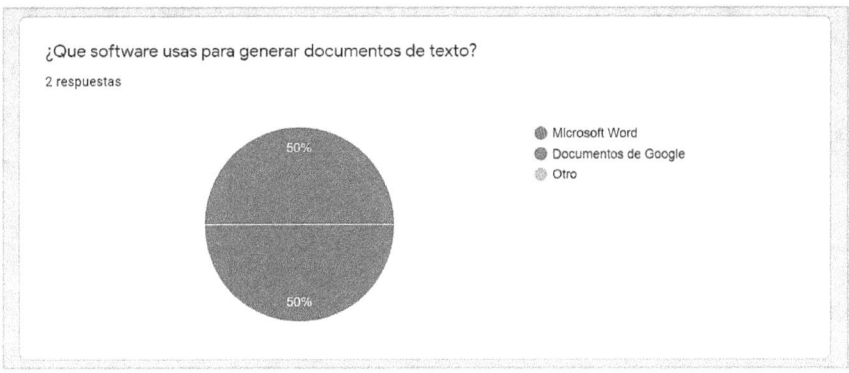

Figura 7.18 Resultado

La gráfica generada es de tipo pastel.

7.7 Pregunta de fecha

Si tenemos un cuestionario que damos a llenar a 2 personas con la pregunta de *¿En que fecha llegó Cristobal Colón a América?*, al tener las siguientes respuestas:

Figura 7.19 Respuesta 1

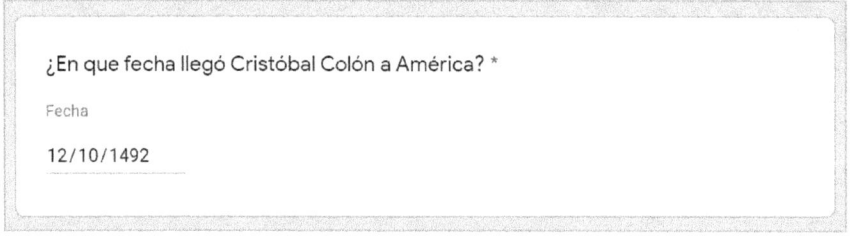

Figura 7.20 Respuesta 2

Obtenemos la siguiente gráfica:

Figura 7.21 Resultado

El resultado muestra las fechas capturadas y la frecuencia que cada fecha obtuvo.

7.8 Pregunta de hora

Si tenemos un cuestionario que damos a llenar a 2 personas con la pregunta de *¿A que hora sales a comer?*, al tener las siguientes respuestas:

Figura 7.22 Respuesta 1

Figura 7.23 Respuesta 2

Obtenemos la siguiente grafica:

Cuestionarios digitales con Google

¿A que hora sales a comer?

2 respuestas

01 : __   1:30
02 : __   2:00

Figura 7.24 Resultado

Como podemos ver, el resultado es una escala de tiempo abarcando todos los valores obtenidos.

7.9 Pregunta de escala lineal

Si tenemos un cuestionario que damos a llenar a 2 personas con la pregunta de *¿Cuál es tu nivel de satisfaccióncon con tu proveedor de internet?* de tipo escala lineal con valores del 1 al 5, al tener las siguientes respuestas:

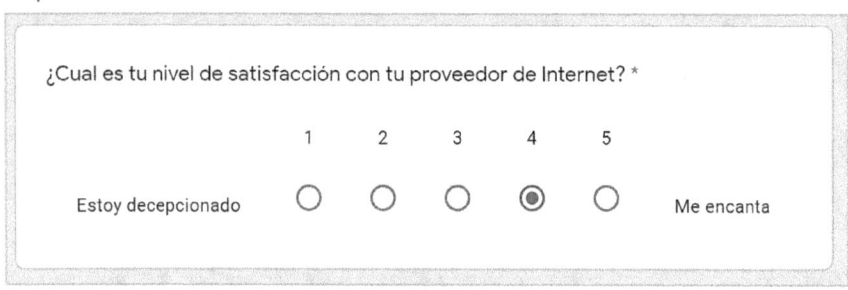

Figura 7.25 Respuesta 1

Figura 7.26 Respuesta 2

Obtenemos la siguiente grafica:

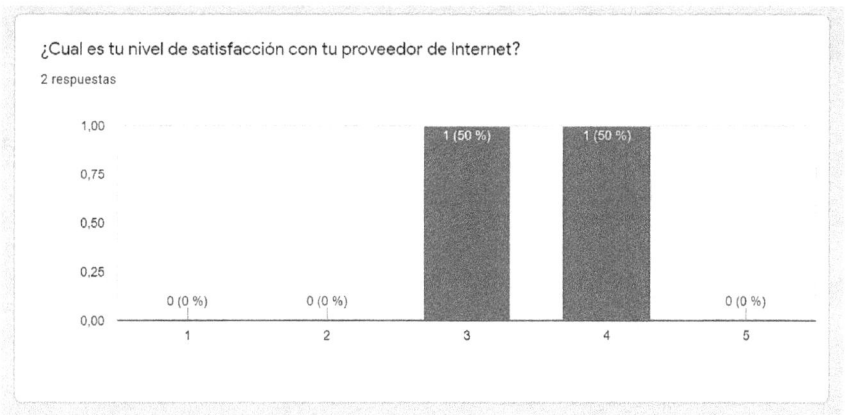

Figura 7.27 Resultado

El tipo d egráfica que obtenemos es de columnas.

7.10 Pregunta de cuadrícula de opciones

Si tenemos un cuestionario del tipo cuadrícula de opciones que damos a llenar a 2 personas con la instrucción de Califica *los siguientes elementos en tu oficina*, al tener las siguientes respuestas:

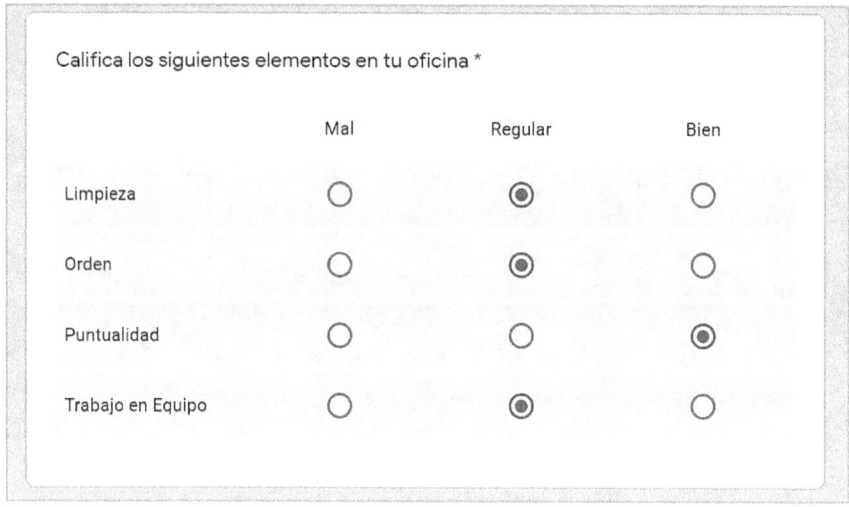

Figura 7.28 Respuesta 1

Cuestionarios digitales con Google

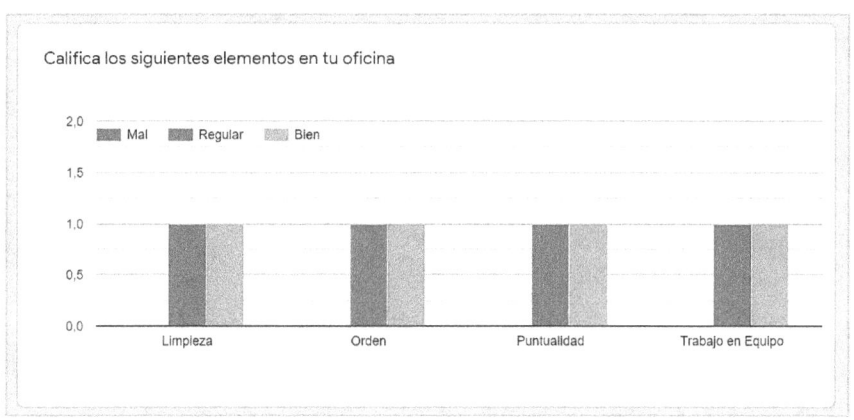

Figura 7.29 Respuesta 2

Obtenemos la siguiente grafica:

Figura 7.30 Resultado

Se genera una gráfica de columnas con el valor de cada respuesta obtenida.

7.11 Pregunta de cuadrícula de casillas

Si tenemos un cuestionario que damos a llenar a 2 personas con la instrucción *Organiza los equipos de trabajo para la siguiente semana*, al tener las siguientes respuestas:

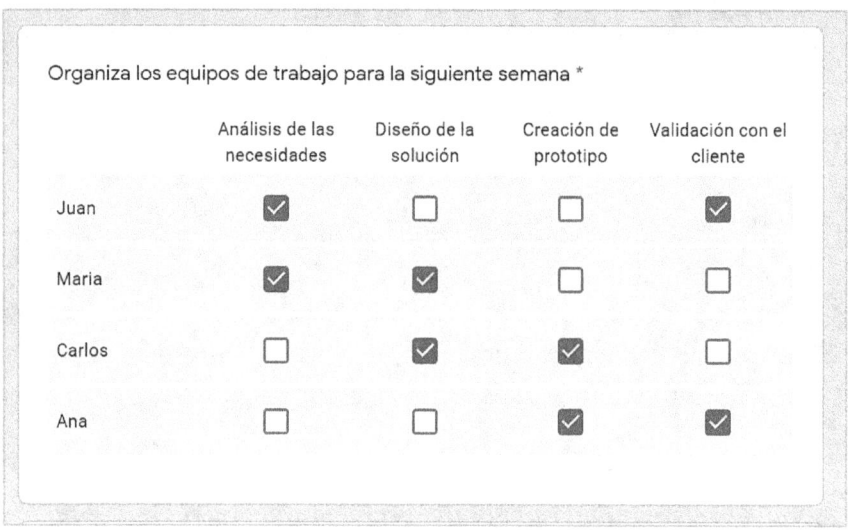

Figura 7.31 Respuesta 1

Cuestionarios digitales con Google

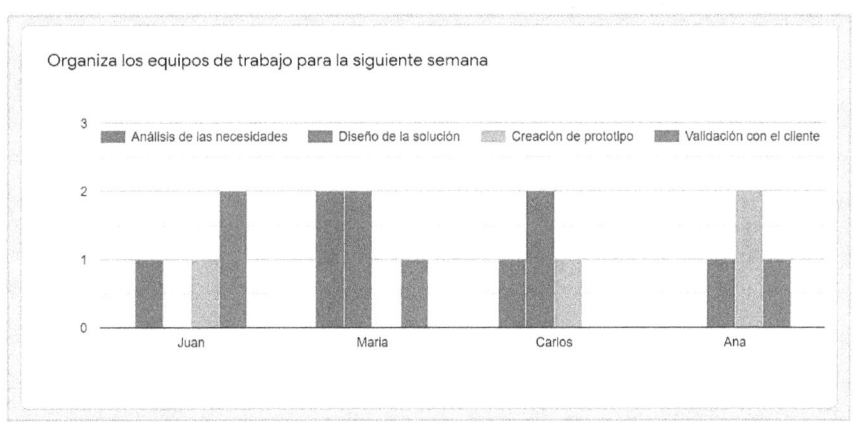

Figura 7.32 Respuesta 2

Obtenemos la siguiente grafica:

Figura 7.33 Resultado

Mostrando por cada persona la frecuencia en gráficas de columnas.

7.12 Pregunta de subir archivo

Si tenemos un cuestionario que damos a llenar a 2 personas con la instrucción de *Sube tu archivo de presentación*, al tener las siguientes respuestas:

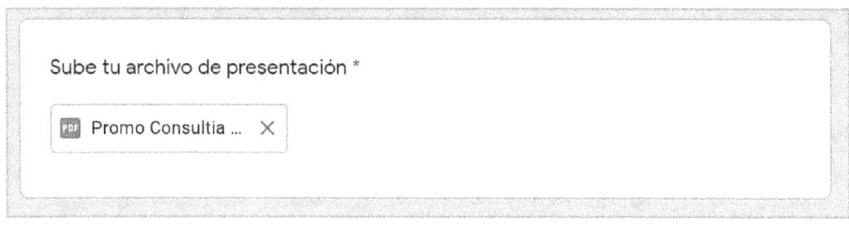

Figura 7.34 Respuesta 1

Figura 7.35 Respuesta 2

Obtenemos la siguiente grafica:

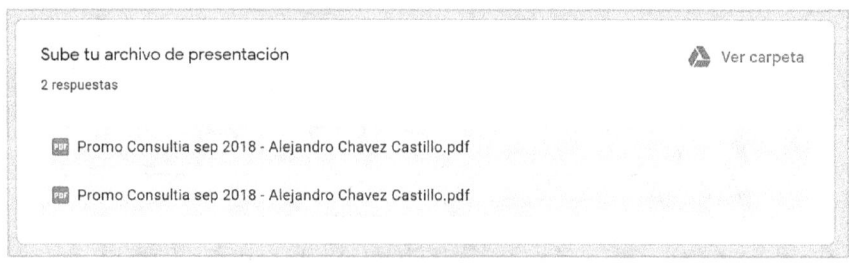

Figura 7.36 Resultado

Con la posibilidad de dar un clic para ir a verlos archivos dentro de Google Drive.

7.2 La importancia de la selección

Ahora que hemos visto todos los tipos de gráficas que generan los diferentes tipos de preguntas sabes que debes considerar esto la seleccionar que tipo d epregunta debes seleccionar en tu cuestionario para obtener el resultado que necesitas.

8 Conclusión

Imagen: Megan Rexazin en Pixabay

Veamos algunas conclusiones breves sobre los cuestionarios digitales y los formularios en Google.

8.1 Cuestionarios digitales

Los cuestionarios digitales osn una ehramienta imprescindible para cualquier empresa que necesite conocer la opinión de sus clientes, proveedores y colaboradores. Mientras más grande o exitosa en los negocios sea una empresa más será la necesidad de aplicar encuestas basadas en cuestionarios eficaces que puedan proporcionar la información que necesitan los negocios.

8.2 Los formularios de Google

Los formularios de Google son una de las herramientas más usadas en el mundo por su sencillez, su amplio rango de tipo de prguntas y porque es gratis. Es posible que por lo menos la mitad de los cuestionarios usados en el mundo por las empresas pequeñas y medianas se basen en formularios Google, por esta razón vale la pena aprender a usar esta gran herramienta.

8.3 La importancia de practicar

Si has llegado hasta aquí de forma secuencial leyendo cada capítulo, te felicito y te aliento a practicar todos los conocimientos que adquiriste para crear los cuestionarios más profesinales y espectaculares que puedas hacer. De lo contrario si aun no has terminado los capítulos te invito a hacerlo para que a partir de mañanaseas una persona más capacitada en el diseño de cuestionarios y un colaborador más valioso para tu empresa y tu país.

8.4 Cuando necesitas más

A pesar de la gran cantidad de tipos de preguntas que tienes disponible en formularios Google y la amplia cantidad de gráficas que generan, es posible que necesites un análisis más amplio y profundo de la información. Si este es tu caso, te recomiendo estudiar estadística, análisis de datos y big data, acompañado del aprendizaje de herramientas como Google Data Studio (del cuál tengo otro libro publicado) para que tomes los datos recolectados por los cuestionarios hechos con formularios Google, tomes la información y la transformes en tableros de control web que los directores y gerentes de tu empresa puedan consultar todos los días para tomar las mejores decisiones que puedan basados en los hechos y en las cifras que la misma empresa genera.

8.5 Agradecimiento

Gracias por comprar este libro, te deseo mucho éxito en tu vida personal y profesional.

Si dseas escribirme lo puedes hacer a la cuenta de correo achavez@consultia.mx o escribir al teléfono (WhatsApp) 331-399-4445 en el país de México (más específico en Jalisco, tierra del mariachi, el tequila y las mujeres hermosas).

9 Otros libros del autor

Imagen: Megan Rexazin en Pixabay

Si te gustó este libro y te hizo aprender algo útil para ti, mira que otros títulos tengo en el catálogo.

Mercados en Amazon

Todos los libros que vendo son através de Amazon, los principales mercados en donde tiene presencia Amazon para mis libros son los siguientes:

País	Sitio
USA	www.amazon.com
España	www.amazon.es
México	www.amazon.com.mx
Brasil	www.amazon.br
Japon	www.amazon.co.jp
Francia	www.amazon.fr

Si tu país no esta en el listado puedes comprar los libros directamente a Amazon USA y te los harán llegar sin problema en pocos dias.

Libros en Amazon

Este es mi libro publicado en Amazon número 16, para conocer los libros anteriores mira las siguientes imágenes y si alguno te interesa da un clic en la imagen para ver más información sobre cada libro, los precios siguientes están en dólares americanos.

Google Data Studio: para principiantes (Spanish Edition)
by Alejandro Chavez Castillo

Kindle Edition
$4.01

URL: https://amzn.to/3fdoZvz

Fórmulas y Funciones Avanzadas en Excel 2016: Aprende las funciones avanzadas mas usadas en Excel para mejorar tu trabajo y...
by Alejandro Chavez Castillo | Jul 5, 2017

★★★☆☆ ~ 10

Paperback

Kindle
$4.30 $9.99

URL: https://amzn.to/2yeG3kp

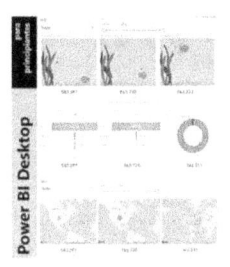

Power BI Desktop para principiantes: en español (Spanish Edition)
by Alejandro Chavez Castillo
☆☆☆☆☆ ~ 15
Kindle
$4⁴⁴ $9.89
Paperback

URL: https://amzn.to/3ffyZVb

La Función SI en Excel: Aprende como tomar decisiones en Microsoft Excel 2016 y anteriores (Aprende Excel nº 2) (Spanish Edition)
by Alejandro Chavez Castillo
☆☆☆☆☆ ~ 3
Kindle
$2⁶³

URL: https://amzn.to/2SvJ8Do

Programando Excel 2016 con VBA: Creando aplicaciones en Excel para principiantes (Spanish Edition)
by Alejandro Chavez Castillo
☆☆☆☆☆ ~ 5
Kindle
$4⁸⁹ $13.99
Paperback
$13⁹⁹
Usually ships within 7 days.

URL: https://amzn.to/2SvMK8t

Cuentos para Princesas: se recomienda su uso a la hora de dormir o cuando las niñas se encuentren receptivas (Spanish Edition)
by Alejandro Chavez Castillo and Karla Yadira Tejeda Ferrer

Kindle
$0⁸³

URL: https://amzn.to/2KXBTzQ

Usando Tablas y Filtros en Excel: Manejo basico de tablas de datos para principiantes (Spanish Edition)
by Alejandro Chavez Castillo

☆☆☆☆☆ ˅ 1

Kindle
$0⁹⁶

URL: https://amzn.to/3c19i8O

Kanban: para principiantes (Spanish Edition)
by Alejandro Chavez Castillo

Kindle
$3⁹⁴ $7.99

Paperback
$7⁹⁹

Usually ships within 7 days.

URL: https://amzn.to/3b2lg0u

CANVAS-X para el modelado de negocios: Una alternativa simple para emprendedores (Spanish Edition)
by Alejandro Chavez Castillo

☆☆☆☆☆ ~ 3

Kindle
$2 63 $5.99

Paperback
$5 99

URL: https://amzn.to/3fjlJz0

Análisis de Información con Excel: Aplicado a Listas, Tablas, Tablas Dinámicas y Bases de Datos (Spanish Edition)
by Alejandro Chavez Castillo

Kindle
$3 48

URL: https://amzn.to/2WminlZ

Macros Grabadas en Excel 2016: Para principiantes en plataforma Windows (Aprende Excel nº 1) (Spanish Edition)
by Alejandro Chavez Castillo

☆☆☆☆☆ ~ 1

Kindle
$3 80

URL: https://amzn.to/3feJrMG

Como medir el uso de las tecnologias de la información: Modelo de uso para las tecnologias de la informacion (MUTI) (Spanish Edition)
by Alejandro Chavez Castillo

★★☆☆☆ ~ 1

Kindle
$2²⁸ $5.99

Paperback
$5⁹⁹
Usually ships within 7 days.

URL: https://amzn.to/2zOK27n

9 Box: para principiantes (Negocios) (Spanish Edition)
by Alejandro Chavez Castillo

Kindle
$3⁹⁴ $6.99

Paperback
$6⁹⁹
Usually ships within 7 days.

URL: https://amzn.to/3b3ERgJ

Acera del autor

Alejandro Chávez es consultor, instructor, conferencista y escritor de libros en temas de negocios, emprendimientos, informática, creatividad, trabajo en equipo y misterio.
En el pasado trabajó en empresas como Teléfonos de México, Siemens, HP, Danisco y el Gobierno del Estado de Jalisco. Actualmente es director d ela empresa Consultia donde continuamente desarrolla e imparte nuevos cursos junto a sus colaboradores para atender a sus clientes.

Entre los organismos empresariales con los que colabora están Coparmex (Jalisco), Cámara de comercio de Guadalajara, Instituto Jaliscience de las Tecnologías de la Información (IJALTI), Universidad del Valle de temajac (UNIVA), el Instituto de Especialización para Ejecutivos (IEE), la Escuela Bancaria y Comercial (EBC) y la comunidad de profesionales Creativos Latam.

Cuando Alejandro no esta realizando actividades profesionales, puede estar paseando en bicicleta, visitando algún sitio arqueológico de Jalisco, investigando algún tema interesante en internet o disfrutando una charla con algún amigo.

www.ingramcontent.com/pod-product-compliance
Lightning Source LLC
Chambersburg PA
CBHW050004230526
45465CB00003BB/1259